COREANO
VOCABOLARIO

PER STUDIO AUTODIDATTICO

ITALIANO-COREANO

Le parole più utili
Per ampliare il proprio lessico e affinare
le proprie abilità linguistiche

5000 parole

Vocabolario Italiano-Coreano per studio autodidattico - 5000 parole
Di Andrey Taranov

I vocabolari T&P Books si propongono come strumento di aiuto per apprendere, memorizzare e revisionare l'uso di termini stranieri. Il dizionario si divide in vari argomenti che includono la maggior parte delle attività quotidiane, tra cui affari, scienza, cultura, ecc.

Il processo di apprendimento delle parole attraverso i dizionari divisi in liste tematiche della collana T&P Books offre i seguenti vantaggi:

- Le fonti d'informazione correttamente raggruppate garantiscono un buon risultato nella memorizzazione delle parole
- La possibilità di memorizzare gruppi di parole con la stessa radice (piuttosto che memorizzarle separatamente)
- Piccoli gruppi di parole facilitano il processo di apprendimento per associazione, utile al potenziamento lessicale
- Il livello di conoscenza della lingua può essere valutato attraverso il numero di parole apprese

Copyright © 2018 T&P Books Publishing

Tutti i diritti riservati. Nessuna parte del presente volume può essere riprodotta o trasmessa in qualsiasi forma o con qualsiasi mezzo elettronico, meccanico, fotocopie, registrazioni o riproduzioni senza l'autorizzazione scritta dell'editore.

T&P Books Publishing
www.tpbooks.com

ISBN: 978-1-78616-567-1

Questo libro è disponibile anche in formato e-book.
Visitate il sito www.tpbooks.com o le principali librerie online.

VOCABOLARIO COREANO
per studio autodidattico

I vocabolari T&P Books si propongono come strumento di aiuto per apprendere, memorizzare e revisionare l'uso di termini stranieri. Il vocabolario contiene oltre 5000 parole di uso comune ordinate per argomenti.

- Il vocabolario contiene le parole più comunemente usate
- È consigliato in aggiunta ad un corso di lingua
- Risponde alle esigenze degli studenti di lingue straniere sia essi principianti o di livello avanzato
- Pratico per un uso quotidiano, per gli esercizi di revisione e di autovalutazione
- Consente di valutare la conoscenza del proprio lessico

Caratteristiche specifiche del vocabolario:

- Le parole sono ordinate secondo il proprio significato e non alfabeticamente
- Le parole sono riportate in tre colonne diverse per facilitare il metodo di revisione e autovalutazione
- I gruppi di parole sono divisi in sottogruppi per facilitare il processo di apprendimento
- Il vocabolario offre una pratica e semplice trascrizione fonetica per ogni termine straniero

Il vocabolario contiene 155 argomenti tra cui:

Concetti di Base, Numeri, Colori, Mesi, Stagioni, Unità di Misura, Abbigliamento e Accessori, Cibo e Alimentazione, Ristorante, Membri della Famiglia, Parenti, Personalità, Sentimenti, Emozioni, Malattie, Città, Visita Turistica, Acquisti, Denaro, Casa, Ufficio, Lavoro d'Ufficio, Import-export, Marketing, Ricerca di un Lavoro, Sport, Istruzione, Computer, Internet, Utensili, Natura, Paesi, Nazionalità e altro ancora ...

INDICE

Guida alla pronuncia	9
Abbreviazioni	11

CONCETTI DI BASE	12
Concetti di base. Parte 1	12
1. Pronomi	12
2. Saluti. Convenevoli. Saluti di congedo	12
3. Come rivolgersi	13
4. Numeri cardinali. Parte 1	13
5. Numeri cardinali. Parte 2	14
6. Numeri ordinali	15
7. Numeri. Frazioni	15
8. Numeri. Operazioni aritmetiche di base	15
9. Numeri. Varie	15
10. I verbi più importanti. Parte 1	16
11. I verbi più importanti. Parte 2	17
12. I verbi più importanti. Parte 3	18
13. I verbi più importanti. Parte 4	19
14. Colori	20
15. Domande	20
16. Preposizioni	21
17. Parole grammaticali. Avverbi. Parte 1	21
18. Parole grammaticali. Avverbi. Parte 2	23

Concetti di base. Parte 2	25
19. Giorni della settimana	25
20. Ore. Giorno e notte	25
21. Mesi. Stagioni	26
22. Unità di misura	28
23. Contenitori	29

ESSERE UMANO	30
Essere umano. Il corpo umano	30
24. Testa	30
25. Corpo umano	31

Abbigliamento e Accessori	32
26. Indumenti. Soprabiti	32
27. Men's & women's clothing	32

28. Abbigliamento. Biancheria intima	33
29. Copricapo	33
30. Calzature	33
31. Accessori personali	34
32. Abbigliamento. Varie	34
33. Cura della persona. Cosmetici	35
34. Orologi da polso. Orologio	36

Cibo. Alimentazione 37

35. Cibo	37
36. Bevande	38
37. Verdure	39
38. Frutta. Noci	40
39. Pane. Dolci	41
40. Pietanze cucinate	41
41. Spezie	42
42. Pasti	43
43. Preparazione della tavola	44
44. Ristorante	44

Famiglia, parenti e amici 45

45. Informazioni personali. Moduli	45
46. Membri della famiglia. Parenti	45

Medicinali 47

47. Malattie	47
48. Sintomi. Cure. Parte 1	48
49. Sintomi. Cure. Parte 2	49
50. Sintomi. Cure. Parte 3	50
51. Medici	51
52. Medicinali. Farmaci. Accessori	51

HABITAT UMANO 52
Città 52

53. Città. Vita di città	52
54. Servizi cittadini	53
55. Cartelli	54
56. Mezzi pubblici in città	55
57. Visita turistica	56
58. Acquisti	57
59. Denaro	58
60. Posta. Servizio postale	59

Abitazione. Casa 60

61. Casa. Elettricità	60

62. Villa. Palazzo	60
63. Appartamento	60
64. Arredamento. Interno	61
65. Biancheria da letto	62
66. Cucina	62
67. Bagno	63
68. Elettrodomestici	64

ATTIVITÀ UMANA	65
Lavoro. Affari. Parte 1	65
69. Ufficio. Lavorare in ufficio	65
70. Operazioni d'affari. Parte 1	66
71. Operazioni d'affari. Parte 2	67
72. Attività produttiva. Lavori	68
73. Contratto. Accordo	69
74. Import-export	70
75. Mezzi finanziari	70
76. Marketing	71
77. Pubblicità	71
78. Attività bancaria	72
79. Telefono. Conversazione telefonica	73
80. Telefono cellulare	73
81. Articoli di cancelleria	74
82. Generi di attività commerciali	74

Lavoro. Affari. Parte 2	77
83. Spettacolo. Mostra	77
84. Scienza. Ricerca. Scienziati	78

Professioni e occupazioni	79
85. Ricerca di un lavoro. Licenziamento	79
86. Gente d'affari	79
87. Professioni amministrative	80
88. Professioni militari e gradi	81
89. Funzionari. Sacerdoti	82
90. Professioni agricole	82
91. Professioni artistiche	83
92. Professioni varie	83
93. Attività lavorative. Condizione sociale	85

Istruzione	86
94. Scuola	86
95. Istituto superiore. Università	87
96. Scienze. Discipline	88
97. Sistema di scrittura. Ortografia	88
98. Lingue straniere	89

Ristorante. Intrattenimento. Viaggi 91

99. Escursione. Viaggio 91
100. Hotel 91

ATTREZZATURA TECNICA. MEZZI DI TRASPORTO 93
Attrezzatura tecnica 93

101. Computer 93
102. Internet. Posta elettronica 94
103. Elettricità 95
104. Utensili 95

Mezzi di trasporto 98

105. Aeroplano 98
106. Treno 99
107. Nave 100
108. Aeroporto 101

Situazioni quotidiane 103

109. Vacanze. Evento 103
110. Funerali. Sepoltura 104
111. Guerra. Soldati 104
112. Guerra. Azioni militari. Parte 1 105
113. Guerra. Azioni militari. Parte 2 107
114. Armi 108
115. Gli antichi 110
116. Il Medio Evo 110
117. Leader. Capo. Le autorità 112
118. Infrangere la legge. Criminali. Parte 1 113
119. Infrangere la legge. Criminali. Parte 2 114
120. Polizia. Legge. Parte 1 115
121. Polizia. Legge. Parte 2 116

LA NATURA 118
La Terra. Parte 1 118

122. L'Universo 118
123. La Terra 119
124. Punti cardinali 120
125. Mare. Oceano 120
126. Nomi dei mari e degli oceani 121
127. Montagne 122
128. Nomi delle montagne 123
129. Fiumi 123
130. Nomi dei fiumi 124
131. Foresta 124
132. Risorse naturali 125

La Terra. Parte 2   127

133. Tempo   127
134. Rigide condizioni metereologiche. Disastri naturali   128

Fauna   129

135. Mammiferi. Predatori   129
136. Animali selvatici   129
137. Animali domestici   130
138. Uccelli   131
139. Pesci. Animali marini   132
140. Anfibi. Rettili   133
141. Insetti   134

Flora   135

142. Alberi   135
143. Arbusti   135
144. Frutti. Bacche   136
145. Fiori. Piante   136
146. Cereali, granaglie   138

PAESI. NAZIONALITÀ   139

147. Europa occidentale   139
148. Europa centrale e orientale   139
149. Paesi dell'ex Unione Sovietica   140
150. Asia   140
151. America del Nord   141
152. America centrale e America del Sud   141
153. Africa   142
154. Australia. Oceania   142
155. Città   142

GUIDA ALLA PRONUNCIA

Lettera	Esempio coreano	Alfabeto fonetico T&P	Esempio italiano

Consonanti

Lettera	Esempio coreano	Alfabeto fonetico	Esempio italiano
ㄱ [1]	개	[k]	cometa
ㄱ [2]	아기	[g]	guerriero
ㄲ	껌	[k]	secco
ㄴ	눈	[n]	notte
ㄷ [3]	달	[t]	tattica
ㄷ [4]	사다리	[d]	doccia
ㄸ	딸	[t]	viottolo
ㄹ [5]	라디오	[r]	ritmo, raro
ㄹ [6]	십팔	[l]	saluto
ㅁ	문	[m]	mostra
ㅂ [7]	봄	[p]	pieno
ㅂ [8]	아버지	[b]	bianco
ㅃ	빵	[p]	troppo
ㅅ [9]	실	[s]	sapere
ㅅ [10]	옷	[t]	tattica
ㅆ	쌀	[ja:]	piazza
ㅇ [11]	강	[ŋg]	unghia
ㅈ [12]	집	[tɕ]	come [tch] ma più schiacciato
ㅈ [13]	아주	[dʑ]	giraffa
ㅉ	짬	[tɕ]	[tch] duro
ㅊ	차	[tɕh]	[tsch] aspirate
ㅌ	택시	[th]	[t] aspirate
ㅋ	칼	[kh]	[k] aspirate
ㅍ	포도	[ph]	[p] aspirate
ㅎ	한국	[h]	[h] aspirate

Vocali e combinazioni di vocali

Lettera	Esempio coreano	Alfabeto fonetico	Esempio italiano
ㅏ	사	[a]	macchia
ㅑ	향	[ja]	piazza
ㅓ	머리	[ʌ]	fare

9

Lettera	Esempio coreano	Alfabeto fonetico T&P	Esempio italiano
ㅕ	병	[jɑ]	piazza
ㅗ	몸	[o]	notte
ㅛ	표	[jɔ]	New York
ㅜ	물	[u]	prugno
ㅠ	슈퍼	[ju]	aiutare
ㅡ	음악	[ɪ]	tattica
ㅣ	길	[i], [i:]	vittoria
ㅐ	뱀	[ɛ], [ɛ:]	bestia
ㅒ	애기	[je]	pietra
ㅔ	펜	[e]	meno, leggere
ㅖ	계산	[je]	pietra
ㅘ	왕	[wa]	arrivare
ㅙ	왜	[ʊə]	quest'anno
ㅚ	회의	[ø], [we]	oblò, web
ㅝ	권	[uɔ]	fuoco
ㅞ	웬	[ʊə]	quest'anno
ㅟ	쥐	[wi]	kiwi
ㅢ	거의	[ɯi]	combinazione [ɪi]

Note di commento

[1] all'inizio di una parola
[2] tra due suoni vocalizzati
[3] all'inizio di una parola
[4] tra due suoni vocalizzati
[5] all'inizio di una sillaba
[6] alla fine di una sillaba
[7] all'inizio di una parola
[8] tra due suoni vocalizzati
[9] all'inizio di una sillaba
[10] alla fine di una sillaba
[11] alla fine di una sillaba
[12] all'inizio di una parola
[13] tra due suoni vocalizzati

ABBREVIAZIONI
usate nel vocabolario

Italiano. Abbreviazioni

agg	-	aggettivo
anim.	-	animato
avv	-	avverbio
cong	-	congiunzione
ecc.	-	eccetera
f	-	sostantivo femminile
f pl	-	femminile plurale
fem.	-	femminile
form.	-	formale
inanim.	-	inanimato
inform.	-	familiare
m	-	sostantivo maschile
m pl	-	maschile plurale
m, f	-	maschile, femminile
masc.	-	maschile
mil.	-	militare
pl	-	plurale
pron	-	pronome
qc	-	qualcosa
qn	-	qualcuno
sing.	-	singolare
v aus	-	verbo ausiliare
vi	-	verbo intransitivo
vi, vt	-	verbo intransitivo, transitivo
vr	-	verbo riflessivo
vt	-	verbo transitivo

CONCETTI DI BASE

Concetti di base. Parte 1

1. Pronomi

io	나, 저	na
tu	너	neo
lui	그, 그분	geu, geu-bun
lei	그녀	geu-nyeo
esso	그것	geu-geot
noi	우리	u-ri
voi	너희	neo-hui
Lei	당신	dang-sin
loro	그들	geu-deul

2. Saluti. Convenevoli. Saluti di congedo

Salve!	안녕!	an-nyeong!
Buongiorno!	안녕하세요!	an-nyeong-ha-se-yo!
Buongiorno! (la mattina)	안녕하세요!	an-nyeong-ha-se-yo!
Buon pomeriggio!	안녕하세요!	an-nyeong-ha-se-yo!
Buonasera!	안녕하세요!	an-nyeong-ha-se-yo!
salutare (vt)	인사하다	in-sa-ha-da
Ciao! Salve!	안녕!	an-nyeong!
saluto (m)	인사	in-sa
salutare (vt)	인사하다	in-sa-ha-da
Come sta? Come stai?	잘 지내세요?	jal ji-nae-se-yo?
Che c'è di nuovo?	어떻게 지내?	eo-tteo-ke ji-nae?
Arrivederci!	안녕히 가세요!	an-nyeong-hi ga-se-yo!
A presto!	또 만나요!	tto man-na-yo!
Addio! (inform.)	잘 있어!	jal ri-seo!
Addio! (form.)	안녕히 계세요!	an-nyeong-hi gye-se-yo!
congedarsi (vr)	작별인사를 하다	jak-byeo-rin-sa-reul ha-da
Ciao! (A presto!)	안녕!	an-nyeong!
Grazie!	감사합니다!	gam-sa-ham-ni-da!
Grazie mille!	대단히 감사합니다!	dae-dan-hi gam-sa-ham-ni-da!
Prego	천만이에요	cheon-man-i-e-yo
Non c'è di che!	천만의 말씀입니다	cheon-man-ui mal-sseum-im-ni-da
Di niente	천만에	cheon-man-e

Scusa!	실례!	sil-lye!
Scusi!	실례합니다!	sil-lye-ham-ni-da!
scusare (vt)	용서하다	yong-seo-ha-da
scusarsi (vr)	사과하다	sa-gwa-ha-da
Chiedo scusa	사과드립니다	sa-gwa-deu-rim-ni-da
Mi perdoni!	죄송합니다!	joe-song-ham-ni-da!
perdonare (vt)	용서하다	yong-seo-ha-da
per favore	부탁합니다	bu-tak-am-ni-da
Non dimentichi!	잊지 마십시오!	it-ji ma-sip-si-o!
Certamente!	물론이에요!	mul-lon-i-e-yo!
Certamente no!	물론 아니에요!	mul-lon a-ni-e-yo!
D'accordo!	그래요!	geu-rae-yo!
Basta!	그만!	geu-man!

3. Come rivolgersi

signore	선생	seon-saeng
signora	여사님	yeo-sa-nim
signorina	아가씨	a-ga-ssi
signore	젊은 분	jeol-meun bun
ragazzo	꼬마	kko-ma
ragazza	꼬마	kko-ma

4. Numeri cardinali. Parte 1

zero (m)	영	yeong
uno	일	il
due	이	i
tre	삼	sam
quattro	사	sa
cinque	오	o
sei	육	yuk
sette	칠	chil
otto	팔	pal
nove	구	gu
dieci	십	sip
undici	십일	si-bil
dodici	십이	si-bi
tredici	십삼	sip-sam
quattordici	십사	sip-sa
quindici	십오	si-bo
sedici	십육	si-byuk
diciassette	십칠	sip-chil
diciotto	십팔	sip-pal
diciannove	십구	sip-gu
venti	이십	i-sip
ventuno	이십일	i-si-bil

ventidue	이십이	i-si-bi
ventitre	이십삼	i-sip-sam
trenta	삼십	sam-sip
trentuno	삼십일	sam-si-bil
trentadue	삼십이	sam-si-bi
trentatre	삼십삼	sam-sip-sam
quaranta	사십	sa-sip
quarantuno	사십일	sa-si-bil
quarantadue	사십이	sa-si-bi
quarantatre	사십삼	sa-sip-sam
cinquanta	오십	o-sip
cinquantuno	오십일	o-si-bil
cinquantadue	오십이	o-si-bi
cinquantatre	오십삼	o-sip-sam
sessanta	육십	yuk-sip
sessantuno	육십일	yuk-si-bil
sessantadue	육십이	yuk-si-bi
sessantatre	육십삼	yuk-sip-sam
settanta	칠십	chil-sip
settantuno	칠십일	chil-si-bil
settantadue	칠십이	chil-si-bi
settantatre	칠십삼	chil-sip-sam
ottanta	팔십	pal-sip
ottantuno	팔십일	pal-si-bil
ottantadue	팔십이	pal-si-bi
ottantatre	팔십삼	pal-sip-sam
novanta	구십	gu-sip
novantuno	구십일	gu-si-bil
novantadue	구십이	gu-si-bi
novantatre	구십삼	gu-sip-sam

5. Numeri cardinali. Parte 2

cento	백	baek
duecento	이백	i-baek
trecento	삼백	sam-baek
quattrocento	사백	sa-baek
cinquecento	오백	o-baek
seicento	육백	yuk-baek
settecento	칠백	chil-baek
ottocento	팔백	pal-baek
novecento	구백	gu-baek
mille	천	cheon
duemila	이천	i-cheon
tremila	삼천	sam-cheon

diecimila	만	man
centomila	십만	sim-man
milione (m)	백만	baeng-man
miliardo (m)	십억	si-beok

6. Numeri ordinali

primo	첫 번째의	cheot beon-jjae-ui
secondo	두 번째의	du beon-jjae-ui
terzo	세 번째의	se beon-jjae-ui
quarto	네 번째의	ne beon-jjae-ui
quinto	다섯 번째의	da-seot beon-jjae-ui
sesto	여섯 번째의	yeo-seot beon-jjae-ui
settimo	일곱 번째의	il-gop beon-jjae-ui
ottavo	여덟 번째의	yeo-deol beon-jjae-ui
nono	아홉 번째의	a-hop beon-jjae-ui
decimo	열 번째의	yeol beon-jjae-ui

7. Numeri. Frazioni

frazione (f)	분수	bun-su
un mezzo	이분의 일	i-bun-ui il
un terzo	삼분의 일	sam-bun-ui il
un quarto	사분의 일	sa-bun-ui il
un ottavo	팔분의 일	pal-bun-ui il
un decimo	십분의 일	sip-bun-ui il
due terzi	삼분의 이	sam-bun-ui i
tre quarti	사분의 삼	sa-bun-ui sam

8. Numeri. Operazioni aritmetiche di base

sottrazione (f)	빼기	ppae-gi
sottrarre (vt)	빼다	ppae-da
divisione (f)	나누기	na-nu-gi
dividere (vt)	나누다	na-nu-da
addizione (f)	더하기	deo-ha-gi
addizionare (vt)	합하다	ha-pa-da
aggiungere (vt)	더하다	deo-ha-da
moltiplicazione (f)	곱하기	go-pa-gi
moltiplicare (vt)	곱하다	go-pa-da

9. Numeri. Varie

cifra (f)	숫자	sut-ja
numero (m)	숫자	sut-ja

numerale (m)	수사	su-sa
meno (m)	마이너스	ma-i-neo-seu
più (m)	플러스	peul-leo-seu
formula (f)	공식	gong-sik
calcolo (m)	계산	gye-san
contare (vt)	세다	se-da
calcolare (vt)	헤아리다	he-a-ri-da
comparare (vt)	비교하다	bi-gyo-ha-da
Quanto?	얼마?	eol-ma?
Quanti?	얼마나?	eo-di-ro?
somma (f)	총합	chong-hap
risultato (m)	결과	gyeol-gwa
resto (m)	나머지	na-meo-ji
qualche ...	몇	myeot
un po' di ...	조금	jo-geum
resto (m)	나머지	na-meo-ji
uno e mezzo	일과 이분의 일	il-gwa i-bun-ui il
dozzina (f)	다스	da-seu
in due	반으로	ba-neu-ro
in parti uguali	균등하게	gyun-deung-ha-ge
metà (f), mezzo (m)	절반	jeol-ban
volta (f)	번	beon

10. I verbi più importanti. Parte 1

accorgersi (vr)	알아차리다	a-ra-cha-ri-da
afferrare (vt)	잡다	jap-da
affittare (dare in affitto)	임대하다	im-dae-ha-da
aiutare (vt)	도와주다	do-wa-ju-da
amare (qn)	사랑하다	sa-rang-ha-da
andare (camminare)	가다	ga-da
annotare (vt)	적다	jeok-da
appartenere (vi)	... 에 속하다	... e sok-a-da
aprire (vt)	열다	yeol-da
arrivare (vi)	도착하다	do-chak-a-da
aspettare (vt)	기다리다	gi-da-ri-da
avere (vt)	가지다	ga-ji-da
avere fame	배가 고프다	bae-ga go-peu-da
avere fretta	서두르다	seo-du-reu-da
avere paura	무서워하다	mu-seo-wo-ha-da
avere sete	목마르다	mong-ma-reu-da
avvertire (vt)	경고하다	gyeong-go-ha-da
cacciare (vt)	사냥하다	sa-nyang-ha-da
cadere (vi)	떨어지다	tteo-reo-ji-da
cambiare (vt)	바꾸다	ba-kku-da
capire (vt)	이해하다	i-hae-ha-da

cenare (vi)	저녁을 먹다	jeo-nyeo-geul meok-da
cercare (vt)	… 를 찾다	… reul chat-da
cessare (vt)	그만두다	geu-man-du-da
chiedere (~ aiuto)	부르다, 요청하다	bu-reu-da, yo-cheong-ha-da
chiedere (domandare)	묻다	mut-da
cominciare (vt)	시작하다	si-jak-a-da
comparare (vt)	비교하다	bi-gyo-ha-da
confondere (vt)	혼동하다	hon-dong-ha-da
conoscere (qn)	알다	al-da
conservare (vt)	보관하다	bo-gwan-ha-da
consigliare (vt)	조언하다	jo-eon-ha-da
contare (calcolare)	세다	se-da
contare su …	… 에 의지하다	… e ui-ji-ha-da
continuare (vt)	계속하다	gye-sok-a-da
controllare (vt)	제어하다	je-eo-ha-da
correre (vi)	달리다	dal-li-da
costare (vt)	값이 … 이다	gap-si … i-da
creare (vt)	창조하다	chang-jo-ha-da
cucinare (vi)	요리하다	yo-ri-ha-da

11. I verbi più importanti. Parte 2

dare (vt)	주다	ju-da
dare un suggerimento	힌트를 주다	hin-teu-reul ju-da
decorare (adornare)	장식하다	jang-sik-a-da
difendere (~ un paese)	방어하다	bang-eo-ha-da
dimenticare (vt)	잊다	it-da
dire (~ la verità)	말하다	mal-ha-da
dirigere (compagnia, ecc.)	운영하다	u-nyeong-ha-da
discutere (vt)	의논하다	ui-non-ha-da
domandare (vt)	부탁하다	bu-tak-a-da
dubitare (vi)	의심하다	ui-sim-ha-da
entrare (vi)	들어가다	deu-reo-ga-da
esigere (vt)	요구하다	yo-gu-ha-da
esistere (vi)	존재하다	jon-jae-ha-da
essere d'accordo	동의하다	dong-ui-ha-da
fare (vt)	하다	ha-da
fare colazione	아침을 먹다	a-chi-meul meok-da
fare il bagno	수영하다	su-yeong-ha-da
fermarsi (vr)	정지하다	jeong-ji-ha-da
fidarsi (vr)	신뢰하다	sil-loe-ha-da
finire (vt)	끝내다	kkeun-nae-da
firmare (~ un documento)	서명하다	seo-myeong-ha-da
giocare (vi)	놀다	nol-da
girare (~ a destra)	돌다	dol-da
gridare (vi)	소리치다	so-ri-chi-da

indovinare (vt)	추측하다	chu-cheuk-a-da
informare (vt)	알리다	al-li-da
ingannare (vt)	속이다	so-gi-da
insistere (vi)	주장하다	ju-jang-ha-da
insultare (vt)	모욕하다	mo-yok-a-da
interessarsi di ...	... 에 관심을 가지다	... e gwan-si-meul ga-ji-da
invitare (vt)	초대하다	cho-dae-ha-da
lamentarsi (vr)	불평하다	bul-pyeong-ha-da
lasciar cadere	떨어뜨리다	tteo-reo-tteu-ri-da
lavorare (vi)	일하다	il-ha-da
leggere (vi, vt)	읽다	ik-da
liberare (vt)	해방하다	hae-bang-ha-da

12. I verbi più importanti. Parte 3

mancare le lezioni	결석하다	gyeol-seok-a-da
mandare (vt)	보내다	bo-nae-da
menzionare (vt)	언급하다	eon-geu-pa-da
minacciare (vt)	협박하다	hyeop-bak-a-da
mostrare (vt)	보여주다	bo-yeo-ju-da
nascondere (vt)	숨기다	sum-gi-da
nuotare (vi)	수영하다	su-yeong-ha-da
obiettare (vt)	반대하다	ban-dae-ha-da
occorrere (vimp)	필요하다	pi-ryo-ha-da
ordinare (~ il pranzo)	주문하다	ju-mun-ha-da
ordinare (mil.)	명령하다	myeong-nyeong-ha-da
osservare (vt)	지켜보다	ji-kyeo-bo-da
pagare (vi, vt)	지불하다	ji-bul-ha-da
parlare (vi, vt)	말하다	mal-ha-da
partecipare (vi)	참가하다	cham-ga-ha-da
pensare (vi, vt)	생각하다	saeng-gak-a-da
perdonare (vt)	용서하다	yong-seo-ha-da
permettere (vt)	허가하다	heo-ga-ha-da
piacere (vi)	좋아하다	jo-a-ha-da
piangere (vi)	울다	ul-da
pianificare (vt)	계획하다	gye-hoek-a-da
possedere (vt)	소유하다	so-yu-ha-da
potere (v aus)	할 수 있다	hal su it-da
pranzare (vi)	점심을 먹다	jeom-si-meul meok-da
preferire (vt)	선호하다	seon-ho-ha-da
pregare (vi, vt)	기도하다	gi-do-ha-da
prendere (vt)	잡다	jap-da
prevedere (vt)	예상하다	ye-sang-ha-da
promettere (vt)	약속하다	yak-sok-a-da
pronunciare (vt)	발음하다	ba-reum-ha-da
proporre (vt)	제안하다	je-an-ha-da
punire (vt)	처벌하다	cheo-beol-ha-da

raccomandare (vt)	추천하다	chu-cheon-ha-da
ridere (vi)	웃다	ut-da
rifiutarsi (vr)	거절하다	geo-jeol-ha-da
rincrescere (vi)	후회하다	hu-hoe-ha-da
ripetere (ridire)	반복하다	ban-bok-a-da
riservare (vt)	예약하다	ye-yak-a-da
rispondere (vi, vt)	대답하다	dae-da-pa-da
rompere (spaccare)	깨뜨리다	kkae-tteu-ri-da
rubare (~ i soldi)	훔치다	hum-chi-da

13. I verbi più importanti. Parte 4

salvare (~ la vita a qn)	구조하다	gu-jo-ha-da
sapere (vt)	알다	al-da
sbagliare (vi)	실수하다	sil-su-ha-da
scavare (vt)	파다	pa-da
scegliere (vt)	선택하다	seon-taek-a-da
scendere (vi)	내려오다	nae-ryeo-o-da
scherzare (vi)	농담하다	nong-dam-ha-da
scrivere (vt)	쓰다	sseu-da
scusarsi (vr)	사과하다	sa-gwa-ha-da
sedersi (vr)	앉다	an-da
seguire (vt)	… 를 따라가다	… reul tta-ra-ga-da
sgridare (vt)	꾸짖다	kku-jit-da
significare (vt)	의미하다	ui-mi-ha-da
sorridere (vi)	미소를 짓다	mi-so-reul jit-da
sottovalutare (vt)	과소평가하다	gwa-so-pyeong-ga-ha-da
sparare (vi)	쏘다	sso-da
sperare (vi, vt)	희망하다	hui-mang-ha-da
spiegare (vt)	설명하다	seol-myeong-ha-da
studiare (vt)	공부하다	gong-bu-ha-da
stupirsi (vr)	놀라다	nol-la-da
tacere (vi)	침묵을 지키다	chim-mu-geul ji-ki-da
tentare (vt)	해보다	hae-bo-da
toccare (~ con le mani)	닿다	da-ta
tradurre (vt)	번역하다	beo-nyeok-a-da
trovare (vt)	찾다	chat-da
uccidere (vt)	죽이다	ju-gi-da
udire (percepire suoni)	듣다	deut-da
unire (vt)	연합하다	yeon-ha-pa-da
uscire (vi)	나가다	na-ga-da
vantarsi (vr)	자랑하다	ja-rang-ha-da
vedere (vt)	보다	bo-da
vendere (vt)	팔다	pal-da
volare (vi)	날다	nal-da
volere (desiderare)	원하다	won-ha-da

14. Colori

colore (m)	색	sae
sfumatura (f)	색조	saek-jo
tono (m)	색상	saek-sang
arcobaleno (m)	무지개	mu-ji-gae
bianco (agg)	흰	huin
nero (agg)	검은	geo-meun
grigio (agg)	회색의	hoe-sae-gui
verde (agg)	초록색의	cho-rok-sae-gui
giallo (agg)	노란	no-ran
rosso (agg)	빨간	ppal-gan
blu (agg)	파란	pa-ran
azzurro (agg)	하늘색의	ha-neul-sae-gui
rosa (agg)	분홍색의	bun-hong-sae-gui
arancione (agg)	주황색의	ju-hwang-sae-gui
violetto (agg)	보라색의	bo-ra-sae-gui
marrone (agg)	갈색의	gal-sae-gui
d'oro (agg)	금색의	geum-sae-gui
argenteo (agg)	은색의	eun-sae-gui
beige (agg)	베이지색의	be-i-ji-sae-gui
color crema (agg)	크림색의	keu-rim-sae-gui
turchese (agg)	청록색의	cheong-nok-sae-gui
rosso ciliegia (agg)	암적색의	am-jeok-sae-gui
lilla (agg)	연보라색의	yeon-bo-ra-sae-gui
rosso lampone (agg)	진홍색의	jin-hong-sae-gui
chiaro (agg)	밝은	bal-geun
scuro (agg)	짙은	ji-teun
vivo, vivido (agg)	선명한	seon-myeong-han
colorato (agg)	색의	sae-gui
a colori	컬러의	keol-leo-ui
bianco e nero (agg)	흑백의	heuk-bae-gui
in tinta unita	단색의	dan-sae-gui
multicolore (agg)	다색의	da-sae-gui

15. Domande

Chi?	누구?	nu-gu?
Che cosa?	무엇?	mu-eot?
Dove? (in che luogo?)	어디?	eo-di?
Dove? (~ vai?)	어디로?	eo-di-ro?
Di dove?, Da dove?	어디로부터?	eo-di-ro-bu-teo?
Quando?	언제?	eon-je?
Perché? (per quale scopo?)	왜?	wae?
Perché? (per quale ragione?)	왜?	wae?
Per che cosa?	무엇을 위해서?	mu-eos-eul rwi-hae-seo?

Come?	어떻게?	eo-tteo-ke?
Che? (~ colore è?)	어떤?	eo-tteon?
Quale?	어느?	eo-neu?
A chi?	누구에게?	nu-gu-e-ge?
Di chi?	누구에 대하여?	nu-gu-e dae-ha-yeo?
Di che cosa?	무엇에 대하여?	mu-eos-e dae-ha-yeo?
Con chi?	누구하고?	nu-gu-ha-go?
Quanti?, Quanto?	얼마?	eol-ma?
Di chi?	누구의?	nu-gu-ui?

16. Preposizioni

con (tè ~ il latte)	··· 하고	... ha-go
senza	없이	eop-si
a (andare ~ ...)	··· 에	... e
di (parlare ~ ...)	··· 에 대하여	... e dae-ha-yeo
prima di ...	전에	jeon-e
di fronte a ...	··· 앞에	... a-pe
sotto (avv)	밑에	mi-te
sopra (al di ~)	위에	wi-e
su (sul tavolo, ecc.)	위에	wi-e
da, di (via da ..., fuori di ...)	··· 에서	... e-seo
di (fatto ~ cartone)	··· 로	... ro
fra (~ dieci minuti)	··· 안에	... a-ne
attraverso (dall'altra parte)	너머	dwi-e

17. Parole grammaticali. Avverbi. Parte 1

Dove?	어디?	eo-di?
qui (in questo luogo)	여기	yeo-gi
lì (in quel luogo)	거기	geo-gi
da qualche parte (essere ~)	어딘가	eo-din-ga
da nessuna parte	어디도	eo-di-do
vicino a ...	옆에	yeo-pe
vicino alla finestra	창문 옆에	chang-mun nyeo-pe
Dove?	어디로?	eo-di-ro?
qui (vieni ~)	여기로	yeo-gi-ro
ci (~ vado stasera)	거기로	geo-gi-ro
da qui	여기서	yeo-gi-seo
da lì	거기서	geo-gi-seo
vicino, accanto (avv)	가까이	ga-kka-i
lontano (avv)	멀리	meol-li
vicino (~ a Parigi)	근처에	geun-cheo-e
vicino (qui ~)	인근에	in-geu-ne

non lontano	멀지 않게	meol-ji an-ke
sinistro (agg)	왼쪽의	oen-jjo-gui
a sinistra (rimanere ~)	왼쪽에	oen-jjo-ge
a sinistra (girare ~)	왼쪽으로	oen-jjo-geu-ro
destro (agg)	오른쪽의	o-reun-jjo-gui
a destra (rimanere ~)	오른쪽에	o-reun-jjo-ge
a destra (girare ~)	오른쪽으로	o-reun-jjo-geu-ro
davanti	앞쪽에	ap-jjo-ge
anteriore (agg)	앞의	a-pui
avanti	앞으로	a-peu-ro
dietro (avv)	뒤에	dwi-e
da dietro	뒤에서	dwi-e-seo
indietro	뒤로	dwi-ro
mezzo (m), centro (m)	가운데	ga-un-de
in mezzo, al centro	가운데에	ga-un-de-e
di fianco	옆에	yeo-pe
dappertutto	모든 곳에	mo-deun gos-e
attorno	주위에	ju-wi-e
da dentro	내면에서	nae-myeon-e-seo
da qualche parte (andare ~)	어딘가에	eo-din-ga-e
dritto (direttamente)	똑바로	ttok-ba-ro
indietro	뒤로	dwi-ro
da qualsiasi parte	어디에서든지	eo-di-e-seo-deun-ji
da qualche posto (veniamo ~)	어디로부터인지	eo-di-ro-bu-teo-in-ji
in primo luogo	첫째로	cheot-jjae-ro
in secondo luogo	둘째로	dul-jjae-ro
in terzo luogo	셋째로	set-jjae-ro
all'improvviso	갑자기	gap-ja-gi
all'inizio	처음에	cheo-eum-e
per la prima volta	처음으로	cheo-eu-meu-ro
molto tempo prima di...	··· 오래 전에	... o-rae jeon-e
di nuovo	다시	da-si
per sempre	영원히	yeong-won-hi
mai	절대로	jeol-dae-ro
ancora	다시	da-si
adesso	이제	i-je
spesso (avv)	자주	ja-ju
allora	그때	geu-ttae
urgentemente	급히	geu-pi
di solito	보통으로	bo-tong-eu-ro
a proposito, ...	그건 그렇고, ···	geu-geon geu-reo-ko, ...
è possibile	가능한	ga-neung-han
probabilmente	아마	a-ma
forse	어쩌면	eo-jjeo-myeon

inoltre ...	게다가 ...	ge-da-ga ...
ecco perché ...	그래서 ...	geu-rae-seo ...
nonostante (~ tutto)	... 에도 불구하고	... e-do bul-gu-ha-go
grazie a ...	... 덕분에	... deok-bun-e |//

qualcosa (qualsiasi cosa)	무엇인가	mu-eon-nin-ga
qualcosa (le serve ~?)	무엇이든지	mu-eon-ni-deun-ji
niente	아무것도	a-mu-geot-do

qualcuno (annuire a ~)	누구	nu-gu
qualcuno (dipendere da ~)	누군가	nu-gun-ga

nessuno	아무도	a-mu-do
da nessuna parte	아무데도	a-mu-de-do
di nessuno	누구의 것도 아닌	nu-gu-ui geot-do a-nin
di qualcuno	누군가의	nu-gun-ga-ui

così (era ~ arrabbiato)	그래서	geu-rae-seo
anche (penso ~ a ...)	역시	yeok-si
anche, pure	또한	tto-han

18. Parole grammaticali. Avverbi. Parte 2

Perché?	왜?	wae?
per qualche ragione	어떤 이유로	eo-tteon ni-yu-ro
perché ...	왜냐하면 ...	wae-nya-ha-myeon ...
per qualche motivo	어떤 목적으로	eo-tteon mok-jeo-geu-ro

e (cong)	그리고	geu-ri-go
o (sì ~ no?)	또는	tto-neun
ma (però)	그러나	geu-reo-na
per (~ me)	위해서	wi-hae-seo

troppo	너무	neo-mu
solo (avv)	... 만	... man
esattamente	정확하게	jeong-hwak-a-ge
circa (~ 10 dollari)	약	yak

approssimativamente	대략	dae-ryak
approssimativo (agg)	대략적인	dae-ryak-jeo-gin
quasi	거의	geo-ui
resto	나머지	na-meo-ji

ogni (agg)	각각의	gak-ga-gui
qualsiasi (agg)	아무	a-mu
molti, molto	많이	ma-ni
molta gente	많은 사람들	ma-neun sa-ram-deul
tutto, tutti	모두	mo-du

in cambio di ...	... 의 교환으로	... ui gyo-hwa-neu-ro
in cambio	교환으로	gyo-hwa-neu-ro
a mano (fatto ~)	수공으로	su-gong-eu-ro
poco probabile	거의	geo-ui
probabilmente	아마	a-ma

apposta	일부러	il-bu-reo
per caso	우연히	u-yeon-hi
molto (avv)	아주	a-ju
per esempio	예를 들면	ye-reul deul-myeon
fra (~ due)	사이에	sa-i-e
fra (~ più di due)	중에	jung-e
tanto (quantità)	이만큼	i-man-keum
soprattutto	특히	teuk-i

Concetti di base. Parte 2

19. Giorni della settimana

lunedì (m)	월요일	wo-ryo-il
martedì (m)	화요일	hwa-yo-il
mercoledì (m)	수요일	su-yo-il
giovedì (m)	목요일	mo-gyo-il
venerdì (m)	금요일	geu-myo-il
sabato (m)	토요일	to-yo-il
domenica (f)	일요일	i-ryo-il
oggi (avv)	오늘	o-neul
domani	내일	nae-il
dopodomani	모레	mo-re
ieri (avv)	어제	eo-je
l'altro ieri	그저께	geu-jeo-kke
giorno (m)	낮	nat
giorno (m) lavorativo	근무일	geun-mu-il
giorno (m) festivo	공휴일	gong-hyu-il
giorno (m) di riposo	휴일	hyu-il
fine (m) settimana	주말	ju-mal
tutto il giorno	하루종일	ha-ru-jong-il
l'indomani	다음날	da-eum-nal
due giorni fa	이틀 전	i-teul jeon
il giorno prima	전날	jeon-nal
quotidiano (agg)	일간의	il-ga-nui
ogni giorno	매일	mae-il
settimana (f)	주	ju
la settimana scorsa	지난 주에	ji-nan ju-e
la settimana prossima	다음 주에	da-eum ju-e
settimanale (agg)	주간의	ju-ga-nui
ogni settimana	매주	mae-ju
due volte alla settimana	일주일에 두번	il-ju-i-re du-beon
ogni martedì	매주 화요일	mae-ju hwa-yo-il

20. Ore. Giorno e notte

mattina (f)	아침	a-chim
di mattina	아침에	a-chim-e
mezzogiorno (m)	정오	jeong-o
nel pomeriggio	오후에	o-hu-e
sera (f)	저녁	jeo-nyeok
di sera	저녁에	jeo-nyeo-ge

notte (f)	밤	bam
di notte	밤에	bam-e
mezzanotte (f)	자정	ja-jeong
secondo (m)	초	cho
minuto (m)	분	bun
ora (f)	시	si
mezzora (f)	반시간	ban-si-gan
un quarto d'ora	십오분	si-bo-bun
quindici minuti	십오분	si-bo-bun
ventiquattro ore	이십사시간	i-sip-sa-si-gan
levata (f) del sole	일출	il-chul
alba (f)	새벽	sae-byeok
mattutino (m)	이른 아침	i-reun a-chim
tramonto (m)	저녁 노을	jeo-nyeok no-eul
di buon mattino	이른 아침에	i-reun a-chim-e
stamattina	오늘 아침에	o-neul ra-chim-e
domattina	내일 아침에	nae-il ra-chim-e
oggi pomeriggio	오늘 오후에	o-neul ro-hu-e
nel pomeriggio	오후에	o-hu-e
domani pomeriggio	내일 오후에	nae-il ro-hu-e
stasera	오늘 저녁에	o-neul jeo-nyeo-ge
domani sera	내일 밤에	nae-il bam-e
alle tre precise	3시 정각에	se-si jeong-ga-ge
verso le quattro	4시쯤에	ne-si-jjeu-me
per le dodici	12시까지	yeoldu si-kka-ji
fra venti minuti	20분 안에	isib-bun na-ne
fra un'ora	한 시간 안에	han si-gan na-ne
puntualmente	제시간에	je-si-gan-e
un quarto di …	… 십오 분	… si-bo bun
entro un'ora	한 시간 내에	han si-gan nae-e
ogni quindici minuti	15분 마다	sibo-bun ma-da
giorno e notte	하루종일	ha-ru-jong-il

21. Mesi. Stagioni

gennaio (m)	일월	i-rwol
febbraio (m)	이월	i-wol
marzo (m)	삼월	sam-wol
aprile (m)	사월	sa-wol
maggio (m)	오월	o-wol
giugno (m)	유월	yu-wol
luglio (m)	칠월	chi-rwol
agosto (m)	팔월	pa-rwol
settembre (m)	구월	gu-wol
ottobre (m)	시월	si-wol

novembre (m)	십일월	si-bi-rwol
dicembre (m)	십이월	si-bi-wol
primavera (f)	봄	bom
in primavera	봄에	bom-e
primaverile (agg)	봄의	bom-ui
estate (f)	여름	yeo-reum
in estate	여름에	yeo-reum-e
estivo (agg)	여름의	yeo-reu-mui
autunno (m)	가을	ga-eul
in autunno	가을에	ga-eu-re
autunnale (agg)	가을의	ga-eu-rui
inverno (m)	겨울	gyeo-ul
in inverno	겨울에	gyeo-u-re
invernale (agg)	겨울의	gyeo-ul
mese (m)	월, 달	wol, dal
questo mese	이번 달에	i-beon da-re
il mese prossimo	다음 달에	da-eum da-re
il mese scorso	지난 달에	ji-nan da-re
un mese fa	한달 전에	han-dal jeon-e
fra un mese	한 달 안에	han dal ra-ne
fra due mesi	두 달 안에	du dal ra-ne
un mese intero	한 달 내내	han dal lae-nae
per tutto il mese	한달간 내내	han-dal-gan nae-nae
mensile (rivista ~)	월간의	wol-ga-nui
mensilmente	매월, 매달	mae-wol, mae-dal
ogni mese	매달	mae-dal
due volte al mese	한 달에 두 번	han da-re du beon
anno (m)	년	nyeon
quest'anno	올해	ol-hae
l'anno prossimo	내년	nae-nyeon
l'anno scorso	작년	jang-nyeon
un anno fa	일년 전	il-lyeon jeon
fra un anno	일 년 안에	il lyeon na-ne
fra due anni	이 년 안에	i nyeon na-ne
un anno intero	한 해 전체	han hae jeon-che
per tutto l'anno	일년 내내	il-lyeon nae-nae
ogni anno	매년	mae-nyeon
annuale (agg)	연간의	yeon-ga-nui
annualmente	매년	mae-nyeon
quattro volte all'anno	일년에 네 번	il-lyeon-e ne beon
data (f) (~ di oggi)	날짜	nal-jja
data (f) (~ di nascita)	월일	wo-ril
calendario (m)	달력	dal-lyeok
mezz'anno (m)	반년	ban-nyeon
semestre (m)	육개월	yuk-gae-wol

stagione (f) (estate, ecc.)	계절	gye-jeol
secolo (m)	세기	se-gi

22. Unità di misura

peso (m)	무게	mu-ge
lunghezza (f)	길이	gi-ri
larghezza (f)	폭, 너비	pok, neo-bi
altezza (f)	높이	no-pi
profondità (f)	깊이	gi-pi
volume (m)	부피	bu-pi
area (f)	면적	myeon-jeok
grammo (m)	그램	geu-raem
milligrammo (m)	밀리그램	mil-li-geu-raem
chilogrammo (m)	킬로그램	kil-lo-geu-raem
tonnellata (f)	톤	ton
libbra (f)	파운드	pa-un-deu
oncia (f)	온스	on-seu
metro (m)	미터	mi-teo
millimetro (m)	밀리미터	mil-li-mi-teo
centimetro (m)	센티미터	sen-ti-mi-teo
chilometro (m)	킬로미터	kil-lo-mi-teo
miglio (m)	마일	ma-il
pollice (m)	인치	in-chi
piede (f)	피트	pi-teu
iarda (f)	야드	ya-deu
metro (m) quadro	제곱미터	je-gom-mi-teo
ettaro (m)	헥타르	hek-ta-reu
litro (m)	리터	ri-teo
grado (m)	도	do
volt (m)	볼트	bol-teu
ampere (m)	암페어	am-pe-eo
cavallo vapore (m)	마력	ma-ryeok
quantità (f)	수량, 양	su-ryang, yang
un po' di …	… 조금	… jo-geum
metà (f)	절반	jeol-ban
dozzina (f)	다스	da-seu
pezzo (m)	조각	jo-gak
dimensione (f)	크기	keu-gi
scala (f) (modello in ~)	축척	chuk-cheok
minimo (agg)	최소의	choe-so-ui
minore (agg)	가장 작은	ga-jang ja-geun
medio (agg)	중간의	jung-gan-ui
massimo (agg)	최대의	choe-dae-ui
maggiore (agg)	가장 큰	ga-jang keun

23. Contenitori

barattolo (m) di vetro	유리병	yu-ri-byeong
latta, lattina (f)	캔, 깡통	kaen, kkang-tong
secchio (m)	양동이	yang-dong-i
barile (m), botte (f)	통	tong
catino (m)	대야	dae-ya
serbatoio (m) (per liquidi)	탱크	taeng-keu
fiaschetta (f)	휴대용 술병	hyu-dae-yong sul-byeong
tanica (f)	통	tong
cisterna (f)	탱크	taeng-keu
tazza (f)	머그컵	meo-geu-keop
tazzina (f) (~ di caffé)	컵	keop
piattino (m)	받침 접시	bat-chim jeop-si
bicchiere (m) (senza stelo)	유리잔	yu-ri-jan
calice (m)	와인글라스	wa-in-geul-la-seu
casseruola (f)	냄비	naem-bi
bottiglia (f)	병	byeong
collo (m) (~ della bottiglia)	병목	byeong-mok
caraffa (f)	디캔터	di-kaen-teo
brocca (f)	물병	mul-byeong
recipiente (m)	용기	yong-gi
vaso (m) di coccio	항아리	hang-a-ri
vaso (m) di fiori	화병	hwa-byeong
boccetta (f) (~ di profumo)	향수병	hyang-su-byeong
fiala (f)	약병	yak-byeong
tubetto (m)	튜브	tyu-beu
sacco (m) (~ di patate)	자루	ja-ru
sacchetto (m) (~ di plastica)	봉투	bong-tu
pacchetto (m) (~ di sigarette, ecc.)	갑	gap
scatola (f) (~ per scarpe)	박스	bak-seu
cassa (f) (~ di vino, ecc.)	상자	sang-ja
cesta (f)	바구니	ba-gu-ni

ESSERE UMANO

Essere umano. Il corpo umano

24. Testa

testa (f)	머리	meo-ri
viso (m)	얼굴	eol-gul
naso (m)	코	ko
bocca (f)	입	ip
occhio (m)	눈	nun
occhi (m pl)	눈	nun
pupilla (f)	눈동자	nun-dong-ja
sopracciglio (m)	눈썹	nun-sseop
ciglio (m)	속눈썹	song-nun-sseop
palpebra (f)	눈꺼풀	nun-kkeo-pul
lingua (f)	혀	hyeo
dente (m)	이	i
labbra (f pl)	입술	ip-sul
zigomi (m pl)	광대뼈	gwang-dae-ppyeo
gengiva (f)	잇몸	in-mom
palato (m)	입천장	ip-cheon-jang
narici (f pl)	콧구멍	kot-gu-meong
mento (m)	턱	teok
mascella (f)	턱	teok
guancia (f)	뺨, 볼	ppyam, bol
fronte (f)	이마	i-ma
tempia (f)	관자놀이	gwan-ja-no-ri
orecchio (m)	귀	gwi
nuca (f)	뒤통수	dwi-tong-su
collo (m)	목	mok
gola (f)	목구멍	mok-gu-meong
capelli (m pl)	머리털, 헤어	meo-ri-teol, he-eo
pettinatura (f)	머리 스타일	meo-ri seu-ta-il
taglio (m)	헤어컷	he-eo-keot
parrucca (f)	가발	ga-bal
baffi (m pl)	콧수염	kot-su-yeom
barba (f)	턱수염	teok-su-yeom
portare (~ la barba, ecc.)	기르다	gi-reu-da
treccia (f)	땋은 머리	tta-eun meo-ri
basette (f pl)	구레나룻	gu-re-na-rut
rosso (agg)	빨강머리의	ppal-gang-meo-ri-ui
brizzolato (agg)	흰머리의	huin-meo-ri-ui

calvo (agg)	대머리인	dae-meo-ri-in
calvizie (f)	땜통	ttaem-tong
coda (f) di cavallo	말총머리	mal-chong-meo-ri
frangetta (f)	앞머리	am-meo-ri

25. Corpo umano

mano (f)	손	son
braccio (m)	팔	pal
dito (m)	손가락	son-ga-rak
pollice (m)	엄지손가락	eom-ji-son-ga-rak
mignolo (m)	새끼손가락	sae-kki-son-ga-rak
unghia (f)	손톱	son-top
pugno (m)	주먹	ju-meok
palmo (m)	손바닥	son-ba-dak
polso (m)	손목	son-mok
avambraccio (m)	전박	jeon-bak
gomito (m)	팔꿈치	pal-kkum-chi
spalla (f)	어깨	eo-kkae
gamba (f)	다리	da-ri
pianta (f) del piede	발	bal
ginocchio (m)	무릎	mu-reup
polpaccio (m)	종아리	jong-a-ri
anca (f)	엉덩이	eong-deong-i
tallone (m)	발뒤꿈치	bal-dwi-kkum-chi
corpo (m)	몸	mom
pancia (f)	배	bae
petto (m)	가슴	ga-seum
seno (m)	가슴	ga-seum
fianco (m)	옆구리	yeop-gu-ri
schiena (f)	등	deung
zona (f) lombare	허리	heo-ri
vita (f)	허리	heo-ri
ombelico (m)	배꼽	bae-kkop
natiche (f pl)	엉덩이	eong-deong-i
sedere (m)	엉덩이	eong-deong-i
neo (m)	점	jeom
voglia (f) (~ di fragola)	모반	mo-ban
tatuaggio (m)	문신	mun-sin
cicatrice (f)	흉터	hyung-teo

Abbigliamento e Accessori

26. Indumenti. Soprabiti

vestiti (m pl)	옷	ot
soprabito (m)	겉옷	geo-tot
abiti (m pl) invernali	겨울옷	gyeo-u-rot
cappotto (m)	코트	ko-teu
pelliccia (f)	모피 외투	mo-pi oe-tu
pellicciotto (m)	짧은 모피 외투	jjal-beun mo-pi oe-tu
piumino (m)	패딩점퍼	pae-ding-jeom-peo
giubbotto (m), giaccha (f)	재킷	jae-kit
impermeabile (m)	트렌치코트	teu-ren-chi-ko-teu
impermeabile (agg)	방수의	bang-su-ui

27. Men's & women's clothing

camicia (f)	셔츠	syeo-cheu
pantaloni (m pl)	바지	ba-ji
jeans (m pl)	청바지	cheong-ba-ji
giacca (f) (~ di tweed)	재킷	jae-kit
abito (m) da uomo	양복	yang-bok
abito (m)	드레스	deu-re-seu
gonna (f)	치마	chi-ma
camicetta (f)	블라우스	beul-la-u-seu
giacca (f) a maglia	니트 재킷	ni-teu jae-kit
giacca (f) tailleur	재킷	jae-kit
maglietta (f)	티셔츠	ti-syeo-cheu
pantaloni (m pl) corti	반바지	ban-ba-ji
tuta (f) sportiva	운동복	un-dong-bok
accappatoio (m)	목욕가운	mo-gyok-ga-un
pigiama (m)	파자마	pa-ja-ma
maglione (m)	스웨터	seu-we-teo
pullover (m)	풀오버	pu-ro-beo
gilè (m)	조끼	jo-kki
frac (m)	연미복	yeon-mi-bok
smoking (m)	턱시도	teok-si-do
uniforme (f)	제복	je-bok
tuta (f) da lavoro	작업복	ja-geop-bok
salopette (f)	작업바지	ja-geop-ba-ji
camice (m) (~ del dottore)	가운	ga-un

28. Abbigliamento. Biancheria intima

biancheria (f) intima	속옷	so-got
maglietta (f) intima	러닝 셔츠	reo-ning syeo-cheu
calzini (m pl)	양말	yang-mal
camicia (f) da notte	잠옷	jam-ot
reggiseno (m)	브라	beu-ra
calzini (m pl) alti	무릎길이 스타킹	mu-reup-gi-ri seu-ta-king
collant (m)	팬티 스타킹	paen-ti seu-ta-king
calze (f pl)	밴드 스타킹	baen-deu seu-ta-king
costume (m) da bagno	수영복	su-yeong-bok

29. Copricapo

cappello (m)	모자	mo-ja
cappello (m) di feltro	중절모	jung-jeol-mo
cappello (m) da baseball	야구 모자	ya-gu mo-ja
coppola (f)	플랫캡	peul-laet-kaep
basco (m)	베레모	be-re-mo
cappuccio (m)	후드	hu-deu
panama (m)	파나마 모자	pa-na-ma mo-ja
berretto (m) a maglia	니트 모자	ni-teu mo-ja
fazzoletto (m) da capo	스카프	seu-ka-peu
cappellino (m) donna	여성용 모자	yeo-seong-yong mo-ja
casco (m) (~ di sicurezza)	안전모	an-jeon-mo
bustina (f)	개리슨 캡	gae-ri-seun kaep
casco (m) (~ moto)	헬멧	hel-met

30. Calzature

calzature (f pl)	신발	sin-bal
stivaletti (m pl)	구두	gu-du
scarpe (f pl)	구두	gu-du
stivali (m pl)	부츠	bu-cheu
pantofole (f pl)	슬리퍼	seul-li-peo
scarpe (f pl) da tennis	운동화	un-dong-hwa
scarpe (f pl) da ginnastica	스니커즈	seu-ni-keo-jeu
sandali (m pl)	샌들	saen-deul
calzolaio (m)	구둣방	gu-dut-bang
tacco (m)	굽	gup
paio (m)	켤레	kyeol-le
laccio (m)	끈	kkeun
allacciare (vt)	끈을 매다	kkeu-neul mae-da
calzascarpe (m)	구둣주걱	gu-dut-ju-geok
lucido (m) per le scarpe	구두약	gu-du-yak

31. Accessori personali

guanti (m pl)	장갑	jang-gap
manopole (f pl)	벙어리장갑	beong-eo-ri-jang-gap
sciarpa (f)	목도리	mok-do-ri
occhiali (m pl)	안경	an-gyeong
montatura (f)	안경테	an-gyeong-te
ombrello (m)	우산	u-san
bastone (m)	지팡이	ji-pang-i
spazzola (f) per capelli	빗, 솔빗	bit, sol-bit
ventaglio (m)	부채	bu-chae
cravatta (f)	넥타이	nek-ta-i
cravatta (f) a farfalla	나비넥타이	na-bi-nek-ta-i
bretelle (f pl)	멜빵	mel-ppang
fazzoletto (m)	손수건	son-su-geon
pettine (m)	빗	bit
fermaglio (m)	머리핀	meo-ri-pin
forcina (f)	머리핀	meo-ri-pin
fibbia (f)	버클	beo-keul
cintura (f)	벨트	bel-teu
spallina (f)	어깨끈	eo-kkae-kkeun
borsa (f)	가방	ga-bang
borsetta (f)	핸드백	haen-deu-baek
zaino (m)	배낭	bae-nang

32. Abbigliamento. Varie

moda (f)	패션	pae-syeon
di moda	유행하는	yu-haeng-ha-neun
stilista (m)	패션 디자이너	pae-syeon di-ja-i-neo
collo (m)	옷깃	ot-git
tasca (f)	주머니, 포켓	ju-meo-ni, po-ket
tascabile (agg)	주머니의	ju-meo-ni-ui
manica (f)	소매	so-mae
asola (f) per appendere	거는 끈	geo-neun kkeun
patta (f) (~ dei pantaloni)	바지 지퍼	ba-ji ji-peo
cerniera (f) lampo	지퍼	ji-peo
chiusura (f)	조임쇠	jo-im-soe
bottone (m)	단추	dan-chu
occhiello (m)	단춧 구멍	dan-chut gu-meong
staccarsi (un bottone)	떨어지다	tteo-reo-ji-da
cucire (vi, vt)	바느질하다	ba-neu-jil-ha-da
ricamare (vi, vt)	수놓다	su-no-ta
ricamo (m)	자수	ja-su
ago (m)	바늘	ba-neul

filo (m)	실	sil
cucitura (f)	솔기	sol-gi
sporcarsi (vr)	더러워지다	deo-reo-wo-ji-da
macchia (f)	얼룩	eol-luk
sgualcirsi (vr)	구겨지다	gu-gyeo-ji-da
strappare (vt)	찢다	jjit-da
tarma (f)	좀	jom

33. Cura della persona. Cosmetici

dentifricio (m)	치약	chi-yak
spazzolino (m) da denti	칫솔	chit-sol
lavarsi i denti	이를 닦다	i-reul dak-da
rasoio (m)	면도기	myeon-do-gi
crema (f) da barba	면도용 크림	myeon-do-yong keu-rim
rasarsi (vr)	깎다	kkak-da
sapone (m)	비누	bi-nu
shampoo (m)	샴푸	syam-pu
forbici (f pl)	가위	ga-wi
limetta (f)	손톱줄	son-top-jul
tagliaunghie (m)	손톱깎이	son-top-kka-kki
pinzette (f pl)	족집게	jok-jip-ge
cosmetica (f)	화장품	hwa-jang-pum
maschera (f) di bellezza	얼굴 마스크	eol-gul ma-seu-keu
manicure (m)	매니큐어	mae-ni-kyu-eo
fare la manicure	매니큐어를 칠하다	mae-ni-kyu-eo-reul chil-ha-da
pedicure (m)	페디큐어	pe-di-kyu-eo
borsa (f) del trucco	화장품 가방	hwa-jang-pum ga-bang
cipria (f)	분	bun
portacipria (m)	콤팩트	kom-paek-teu
fard (m)	블러셔	beul-leo-syeo
profumo (m)	향수	hyang-su
acqua (f) da toeletta	화장수	hwa-jang-su
lozione (f)	로션	ro-syeon
acqua (f) di Colonia	오드콜로뉴	o-deu-kol-lo-nyu
ombretto (m)	아이섀도	a-i-syae-do
eyeliner (m)	아이라이너	a-i-ra-i-neo
mascara (m)	마스카라	ma-seu-ka-ra
rossetto (m)	립스틱	rip-seu-tik
smalto (m)	매니큐어	mae-ni-kyu-eo
lacca (f) per capelli	헤어 스프레이	he-eo seu-peu-re-i
deodorante (m)	데오도란트	de-o-do-ran-teu
crema (f)	크림	keu-rim
crema (f) per il viso	얼굴 크림	eol-gul keu-rim

crema (f) per le mani	핸드 크림	haen-deu keu-rim
crema (f) antirughe	주름제거 크림	ju-reum-je-geo keu-rim
da giorno	낮의	na-jui
da notte	밤의	ba-mui
tampone (m)	탐폰	tam-pon
carta (f) igienica	화장지	hwa-jang-ji
fon (m)	헤어 드라이어	he-eo deu-ra-i-eo

34. Orologi da polso. Orologio

orologio (m) (~ da polso)	손목 시계	son-mok si-gye
quadrante (m)	문자반	mun-ja-ban
lancetta (f)	바늘	ba-neul
braccialetto (m)	금속제 시계줄	geum-sok-je si-gye-jul
cinturino (m)	시계줄	si-gye-jul
pila (f)	건전지	geon-jeon-ji
essere scarico	나가다	na-ga-da
cambiare la pila	배터리를 갈다	bae-teo-ri-reul gal-da
andare avanti	빨리 가다	ppal-li ga-da
andare indietro	늦게 가다	neut-ge ga-da
orologio (m) da muro	벽시계	byeok-si-gye
clessidra (f)	모래시계	mo-rae-si-gye
orologio (m) solare	해시계	hae-si-gye
sveglia (f)	알람 시계	al-lam si-gye
orologiaio (m)	시계 기술자	si-gye gi-sul-ja
riparare (vt)	수리하다	su-ri-ha-da

Cibo. Alimentazione

35. Cibo

carne (f)	고기	go-gi
pollo (m)	닭고기	dak-go-gi
pollo (m) novello	영계	yeong-gye
anatra (f)	오리고기	o-ri-go-gi
oca (f)	거위고기	geo-wi-go-gi
cacciagione (f)	사냥감	sa-nyang-gam
tacchino (m)	칠면조고기	chil-myeon-jo-go-gi
maiale (m)	돼지고기	dwae-ji-go-gi
vitello (m)	송아지 고기	song-a-ji go-gi
agnello (m)	양고기	yang-go-gi
manzo (m)	소고기	so-go-gi
coniglio (m)	토끼고기	to-kki-go-gi
salame (m)	소시지	so-si-ji
w?rstel (m)	비엔나 소시지	bi-en-na so-si-ji
pancetta (f)	베이컨	be-i-keon
prosciutto (m)	햄	haem
prosciutto (m) affumicato	개먼	gae-meon
pâté (m)	파테	pa-te
fegato (m)	간	gan
carne (f) trita	다진 고기	da-jin go-gi
lingua (f)	혀	hyeo
uovo (m)	계란	gye-ran
uova (f pl)	계란	gye-ran
albume (m)	흰자	huin-ja
tuorlo (m)	노른자	no-reun-ja
pesce (m)	생선	saeng-seon
frutti (m pl) di mare	해물	hae-mul
caviale (m)	캐비어	kae-bi-eo
granchio (m)	게	ge
gamberetto (m)	새우	sae-u
ostrica (f)	굴	gul
aragosta (f)	대하	dae-ha
polpo (m)	문어	mun-eo
calamaro (m)	오징어	o-jing-eo
storione (m)	철갑상어	cheol-gap-sang-eo
salmone (m)	연어	yeon-eo
ippoglosso (m)	넙치	neop-chi
merluzzo (m)	대구	dae-gu
scombro (m)	고등어	go-deung-eo

tonno (m)	참치	cham-chi
anguilla (f)	뱀장어	baem-jang-eo
trota (f)	송어	song-eo
sardina (f)	정어리	jeong-eo-ri
luccio (m)	강꼬치고기	gang-kko-chi-go-gi
aringa (f)	청어	cheong-eo
pane (m)	빵	ppang
formaggio (m)	치즈	chi-jeu
zucchero (m)	설탕	seol-tang
sale (m)	소금	so-geum
riso (m)	쌀	ssal
pasta (f)	파스타	pa-seu-ta
tagliatelle (f pl)	면	myeon
burro (m)	버터	beo-teo
olio (m) vegetale	식물유	sing-mu-ryu
olio (m) di girasole	해바라기유	hae-ba-ra-gi-yu
margarina (f)	마가린	ma-ga-rin
olive (f pl)	올리브	ol-li-beu
olio (m) d'oliva	올리브유	ol-li-beu-yu
latte (m)	우유	u-yu
latte (m) condensato	연유	yeo-nyu
yogurt (m)	요구르트	yo-gu-reu-teu
panna (f) acida	사워크림	sa-wo-keu-rim
panna (f)	크림	keu-rim
maionese (m)	마요네즈	ma-yo-ne-jeu
crema (f)	버터크림	beo-teo-keu-rim
cereali (m pl)	곡물	gong-mul
farina (f)	밀가루	mil-ga-ru
cibi (m pl) in scatola	통조림	tong-jo-rim
fiocchi (m pl) di mais	콘플레이크	kon-peul-le-i-keu
miele (m)	꿀	kkul
marmellata (f)	잼	jaem
gomma (f) da masticare	껌	kkeom

36. Bevande

acqua (f)	물	mul
acqua (f) potabile	음료수	eum-nyo-su
acqua (f) minerale	미네랄 워터	mi-ne-ral rwo-teo
liscia (non gassata)	탄산 없는	tan-san neom-neun
gassata (agg)	탄산의	tan-sa-nui
frizzante (agg)	탄산이 든	tan-san-i deun
ghiaccio (m)	얼음	eo-reum
con ghiaccio	얼음을 넣은	eo-reu-meul leo-eun

analcolico (agg)	무알코올의	mu-al-ko-o-rui
bevanda (f) analcolica	청량음료	cheong-nyang-eum-nyo
bibita (f)	청량 음료	cheong-nyang eum-nyo
limonata (f)	레모네이드	re-mo-ne-i-deu
bevande (f pl) alcoliche	술	sul
vino (m)	와인	wa-in
vino (m) bianco	백 포도주	baek po-do-ju
vino (m) rosso	레드 와인	re-deu wa-in
liquore (m)	리큐르	ri-kyu-reu
champagne (m)	샴페인	syam-pe-in
vermouth (m)	베르무트	be-reu-mu-teu
whisky	위스키	wi-seu-ki
vodka (f)	보드카	bo-deu-ka
gin (m)	진	jin
cognac (m)	코냑	ko-nyak
rum (m)	럼	reom
caffè (m)	커피	keo-pi
caffè (m) nero	블랙 커피	beul-laek keo-pi
caffè latte (m)	밀크 커피	mil-keu keo-pi
cappuccino (m)	카푸치노	ka-pu-chi-no
caffè (m) solubile	인스턴트 커피	in-seu-teon-teu keo-pi
latte (m)	우유	u-yu
cocktail (m)	칵테일	kak-te-il
frullato (m)	밀크 셰이크	mil-keu sye-i-keu
succo (m)	주스	ju-seu
succo (m) di pomodoro	토마토 주스	to-ma-to ju-seu
succo (m) d'arancia	오렌지 주스	o-ren-ji ju-seu
spremuta (f)	생과일주스	saeng-gwa-il-ju-seu
birra (f)	맥주	maek-ju
birra (f) chiara	라거	ra-geo
birra (f) scura	흑맥주	heung-maek-ju
tè (m)	차	cha
tè (m) nero	홍차	hong-cha
tè (m) verde	녹차	nok-cha

37. Verdure

ortaggi (m pl)	채소	chae-so
verdura (f)	녹황색 채소	nok-wang-saek chae-so
pomodoro (m)	토마토	to-ma-to
cetriolo (m)	오이	o-i
carota (f)	당근	dang-geun
patata (f)	감자	gam-ja
cipolla (f)	양파	yang-pa
aglio (m)	마늘	ma-neul

cavolo (m)	양배추	yang-bae-chu
cavolfiore (m)	컬리플라워	keol-li-peul-la-wo
cavoletti (m pl) di Bruxelles	방울다다기 양배추	bang-ul-da-da-gi yang-bae-chu
broccolo (m)	브로콜리	beu-ro-kol-li
barbabietola (f)	비트	bi-teu
melanzana (f)	가지	ga-ji
zucchina (f)	애호박	ae-ho-bak
zucca (f)	호박	ho-bak
rapa (f)	순무	sun-mu
prezzemolo (m)	파슬리	pa-seul-li
aneto (m)	딜	dil
lattuga (f)	양상추	yang-sang-chu
sedano (m)	셀러리	sel-leo-ri
asparago (m)	아스파라거스	a-seu-pa-ra-geo-seu
spinaci (m pl)	시금치	si-geum-chi
pisello (m)	완두	wan-du
fave (f pl)	콩	kong
mais (m)	옥수수	ok-su-su
fagiolo (m)	강낭콩	gang-nang-kong
peperone (m)	피망	pi-mang
ravanello (m)	무	mu
carciofo (m)	아티초크	a-ti-cho-keu

38. Frutta. Noci

frutto (m)	과일	gwa-il
mela (f)	사과	sa-gwa
pera (f)	배	bae
limone (m)	레몬	re-mon
arancia (f)	오렌지	o-ren-ji
fragola (f)	딸기	ttal-gi
mandarino (m)	귤	gyul
prugna (f)	자두	ja-du
pesca (f)	복숭아	bok-sung-a
albicocca (f)	살구	sal-gu
lampone (m)	라즈베리	ra-jeu-be-ri
ananas (m)	파인애플	pa-in-ae-peul
banana (f)	바나나	ba-na-na
anguria (f)	수박	su-bak
uva (f)	포도	po-do
amarena (f)	신양	si-nyang
ciliegia (f)	양벚나무	yang-beon-na-mu
melone (m)	멜론	mel-lon
pompelmo (m)	자몽	ja-mong
avocado (m)	아보카도	a-bo-ka-do
papaia (f)	파파야	pa-pa-ya

mango (m)	망고	mang-go
melagrana (f)	석류	seong-nyu
ribes (m) rosso	레드커렌트	re-deu-keo-ren-teu
ribes (m) nero	블랙커렌트	beul-laek-keo-ren-teu
uva (f) spina	구스베리	gu-seu-be-ri
mirtillo (m)	빌베리	bil-be-ri
mora (f)	블랙베리	beul-laek-be-ri
uvetta (f)	건포도	geon-po-do
fico (m)	무화과	mu-hwa-gwa
dattero (m)	대추야자	dae-chu-ya-ja
arachide (f)	땅콩	ttang-kong
mandorla (f)	아몬드	a-mon-deu
noce (f)	호두	ho-du
nocciola (f)	개암	gae-am
noce (f) di cocco	코코넛	ko-ko-neot
pistacchi (m pl)	피스타치오	pi-seu-ta-chi-o

39. Pane. Dolci

pasticceria (f)	과자류	gwa-ja-ryu
pane (m)	빵	ppang
biscotti (m pl)	쿠키	ku-ki
cioccolato (m)	초콜릿	cho-kol-lit
al cioccolato (agg)	초콜릿의	cho-kol-lis-ui
caramella (f)	사탕	sa-tang
tortina (f)	케이크	ke-i-keu
torta (f)	케이크	ke-i-keu
crostata (f)	파이	pa-i
ripieno (m)	속	sok
marmellata (f)	잼	jaem
marmellata (f) di agrumi	마멀레이드	ma-meol-le-i-deu
wafer (m)	와플	wa-peul
gelato (m)	아이스크림	a-i-seu-keu-rim

40. Pietanze cucinate

piatto (m) (~ principale)	요리, 코스	yo-ri, ko-seu
cucina (f)	요리	yo-ri
ricetta (f)	요리법	yo-ri-beop
porzione (f)	분량	bul-lyang
insalata (f)	샐러드	sael-leo-deu
minestra (f)	수프	su-peu
brodo (m)	육수	yuk-su
panino (m)	샌드위치	saen-deu-wi-chi

uova (f pl) al tegamino	계란후라이	gye-ran-hu-ra-i
hamburger (m)	햄버거	haem-beo-geo
bistecca (f)	비프스테이크	bi-peu-seu-te-i-keu
contorno (m)	사이드 메뉴	sa-i-deu me-nyu
spaghetti (m pl)	스파게티	seu-pa-ge-ti
purè (m) di patate	으깬 감자	eu-kkaen gam-ja
pizza (f)	피자	pi-ja
porridge (m)	죽	juk
frittata (f)	오믈렛	o-meul-let
bollito (agg)	삶은	sal-meun
affumicato (agg)	훈제된	hun-je-doen
fritto (agg)	튀긴	twi-gin
secco (agg)	말린	mal-lin
congelato (agg)	얼린	eol-lin
sottoaceto (agg)	초절인	cho-jeo-rin
dolce (gusto)	단	dan
salato (agg)	짠	jjan
freddo (agg)	차가운	cha-ga-un
caldo (agg)	뜨거운	tteu-geo-un
amaro (agg)	쓴	sseun
buono, gustoso (agg)	맛있는	man-nin-neun
cuocere, preparare (vt)	삶다	sam-da
cucinare (vi)	요리하다	yo-ri-ha-da
friggere (vt)	부치다	bu-chi-da
riscaldare (vt)	데우다	de-u-da
salare (vt)	소금을 넣다	so-geu-meul leo-ta
pepare (vt)	후추를 넣다	hu-chu-reul leo-ta
grattugiare (vt)	강판에 갈다	gang-pa-ne gal-da
buccia (f)	껍질	kkeop-jil
sbucciare (vt)	껍질 벗기다	kkeop-jil beot-gi-da

41. Spezie

sale (m)	소금	so-geum
salato (agg)	짜	jja
salare (vt)	소금을 넣다	so-geu-meul leo-ta
pepe (m) nero	후추	hu-chu
peperoncino (m)	고춧가루	go-chut-ga-ru
senape (f)	겨자	gyeo-ja
cren (m)	고추냉이	go-chu-naeng-i
condimento (m)	양념	yang-nyeom
spezie (f pl)	향료	hyang-nyo
salsa (f)	소스	so-seu
aceto (m)	식초	sik-cho
anice (m)	아니스	a-ni-seu
basilico (m)	바질	ba-jil

chiodi (m pl) di garofano	정향	jeong-hyang
zenzero (m)	생강	saeng-gang
coriandolo (m)	고수	go-su
cannella (f)	계피	gye-pi
sesamo (m)	깨	kkae
alloro (m)	월계수잎	wol-gye-su-ip
paprica (f)	파프리카	pa-peu-ri-ka
cumino (m)	캐러웨이	kae-reo-we-i
zafferano (m)	사프란	sa-peu-ran

42. Pasti

cibo (m)	음식	eum-sik
mangiare (vi, vt)	먹다	meok-da
colazione (f)	아침식사	a-chim-sik-sa
fare colazione	아침을 먹다	a-chi-meul meok-da
pranzo (m)	점심식사	jeom-sim-sik-sa
pranzare (vi)	점심을 먹다	jeom-si-meul meok-da
cena (f)	저녁식사	jeo-nyeok-sik-sa
cenare (vi)	저녁을 먹다	jeo-nyeo-geul meok-da
appetito (m)	식욕	si-gyok
Buon appetito!	맛있게 드십시오!	man-nit-ge deu-sip-si-o!
aprire (vt)	열다	yeol-da
rovesciare (~ il vino, ecc.)	엎지르다	eop-ji-reu-da
rovesciarsi (vr)	쏟아지다	sso-da-ji-da
bollire (vi)	끓다	kkeul-ta
far bollire	끓이다	kkeu-ri-da
bollito (agg)	끓인	kkeu-rin
raffreddare (vt)	식히다	sik-i-da
raffreddarsi (vr)	식다	sik-da
gusto (m)	맛	mat
retrogusto (m)	뒷 맛	dwit mat
essere a dieta	살을 빼다	sa-reul ppae-da
dieta (f)	다이어트	da-i-eo-teu
vitamina (f)	비타민	bi-ta-min
caloria (f)	칼로리	kal-lo-ri
vegetariano (m)	채식주의자	chae-sik-ju-ui-ja
vegetariano (agg)	채식주의의	chae-sik-ju-ui-ui
grassi (m pl)	지방	ji-bang
proteine (f pl)	단백질	dan-baek-jil
carboidrati (m pl)	탄수화물	tan-su-hwa-mul
fetta (f), fettina (f)	조각	jo-gak
pezzo (m) (~ di torta)	조각	jo-gak
briciola (f) (~ di pane)	부스러기	bu-seu-reo-gi

43. Preparazione della tavola

cucchiaio (m)	숟가락	sut-ga-rak
coltello (m)	나이프	na-i-peu
forchetta (f)	포크	po-keu
tazza (f)	컵	keop
piatto (m)	접시	jeop-si
piattino (m)	받침 접시	bat-chim jeop-si
tovagliolo (m)	냅킨	naep-kin
stuzzicadenti (m)	이쑤시개	i-ssu-si-gae

44. Ristorante

ristorante (m)	레스토랑	re-seu-to-rang
caffè (m)	커피숍	keo-pi-syop
pub (m), bar (m)	바	ba
sala (f) da tè	카페, 티룸	ka-pe, ti-rum
cameriere (m)	웨이터	we-i-teo
cameriera (f)	웨이트리스	we-i-teu-ri-seu
barista (m)	바텐더	ba-ten-deo
menù (m)	메뉴판	me-nyu-pan
lista (f) dei vini	와인 메뉴	wa-in me-nyu
prenotare un tavolo	테이블 예약을 하다	te-i-beul rye-ya-geul ha-da
piatto (m)	요리, 코스	yo-ri, ko-seu
ordinare (~ il pranzo)	주문하다	ju-mun-ha-da
fare un'ordinazione	주문을 하다	ju-mu-neul ha-da
aperitivo (m)	아페리티프	a-pe-ri-ti-peu
antipasto (m)	애피타이저	ae-pi-ta-i-jeo
dolce (m)	디저트	di-jeo-teu
conto (m)	계산서	gye-san-seo
pagare il conto	계산하다	gye-san-ha-da
dare il resto	거스름돈을 주다	geo-seu-reum-do-neul ju-da
mancia (f)	팁	tip

Famiglia, parenti e amici

45. Informazioni personali. Moduli

nome (m)	이름	i-reum
cognome (m)	성	seong
data (f) di nascita	생년월일	saeng-nyeon-wo-ril
luogo (m) di nascita	탄생지	tan-saeng-ji
nazionalità (f)	국적	guk-jeok
domicilio (m)	거소	geo-so
paese (m)	나라	na-ra
professione (f)	직업	ji-geop
sesso (m)	성별	seong-byeol
statura (f)	키	ki
peso (m)	몸무게	mom-mu-ge

46. Membri della famiglia. Parenti

madre (f)	어머니	eo-meo-ni
padre (m)	아버지	a-beo-ji
figlio (m)	아들	a-deul
figlia (f)	딸	ttal
figlia (f) minore	작은딸	ja-geun-ttal
figlio (m) minore	작은아들	ja-geun-a-deul
figlia (f) maggiore	맏딸	mat-ttal
figlio (m) maggiore	맏아들	ma-da-deul
fratello (m)	형제	hyeong-je
sorella (f)	자매	ja-mae
cugino (m)	사촌 형제	sa-chon hyeong-je
cugina (f)	사촌 자매	sa-chon ja-mae
mamma (f)	엄마	eom-ma
papà (m)	아빠	a-ppa
genitori (m pl)	부모	bu-mo
bambino (m)	아이, 아동	a-i, a-dong
bambini (m pl)	아이들	a-i-deul
nonna (f)	할머니	hal-meo-ni
nonno (m)	할아버지	ha-ra-beo-ji
nipote (m) (figlio di un figlio)	손자	son-ja
nipote (f)	손녀	son-nyeo
nipoti (pl)	손자들	son-ja-deul
zio (m)	삼촌	sam-chon

nipote (m) (figlio di un fratello)	조카	jo-ka
nipote (f)	조카딸	jo-ka-ttal
suocera (f)	장모	jang-mo
suocero (m)	시아버지	si-a-beo-ji
genero (m)	사위	sa-wi
matrigna (f)	계모	gye-mo
patrigno (m)	계부	gye-bu
neonato (m)	영아	yeong-a
infante (m)	아기	a-gi
bimbo (m), ragazzino (m)	꼬마	kko-ma
moglie (f)	아내	a-nae
marito (m)	남편	nam-pyeon
coniuge (m)	배우자	bae-u-ja
coniuge (f)	배우자	bae-u-ja
sposato (agg)	결혼한	gyeol-hon-han
sposata (agg)	결혼한	gyeol-hon-han
celibe (agg)	미혼의	mi-hon-ui
scapolo (m)	미혼 남자	mi-hon nam-ja
divorziato (agg)	이혼한	i-hon-han
vedova (f)	과부	gwa-bu
vedovo (m)	홀아비	ho-ra-bi
parente (m)	친척	chin-cheok
parente (m) stretto	가까운 친척	ga-kka-un chin-cheok
parente (m) lontano	먼 친척	meon chin-cheok
parenti (m pl)	친척들	chin-cheok-deul
orfano (m), orfana (f)	고아	go-a
tutore (m)	후견인	hu-gyeon-in
adottare (~ un bambino)	입양하다	i-byang-ha-da
adottare (~ una bambina)	입양하다	i-byang-ha-da

Medicinali

47. Malattie

malattia (f)	병	byeong
essere malato	눕다	nup-da
salute (f)	건강	geon-gang
raffreddore (m)	비염	bi-yeom
tonsillite (f)	편도염	pyeon-do-yeom
raffreddore (m)	감기	gam-gi
raffreddarsi (vr)	감기에 걸리다	gam-gi-e geol-li-da
bronchite (f)	기관지염	gi-gwan-ji-yeom
polmonite (f)	폐렴	pye-ryeom
influenza (f)	독감	dok-gam
miope (agg)	근시의	geun-si-ui
presbite (agg)	원시의	won-si-ui
strabismo (m)	사시	sa-si
strabico (agg)	사시인	sa-si-in
cateratta (f)	백내장	baeng-nae-jang
glaucoma (m)	녹내장	nong-nae-jang
ictus (m) cerebrale	뇌졸중	noe-jol-jung
attacco (m) di cuore	심장마비	sim-jang-ma-bi
infarto (m) miocardico	심근경색증	sim-geun-gyeong-saek-jeung
paralisi (f)	마비	ma-bi
paralizzare (vt)	마비되다	ma-bi-doe-da
allergia (f)	알레르기	al-le-reu-gi
asma (f)	천식	cheon-sik
diabete (m)	당뇨병	dang-nyo-byeong
mal (m) di denti	치통, 이앓이	chi-tong, i-a-ri
carie (f)	충치	chung-chi
diarrea (f)	설사	seol-sa
stitichezza (f)	변비증	byeon-bi-jeung
disturbo (m) gastrico	배탈	bae-tal
intossicazione (f) alimentare	식중독	sik-jung-dok
intossicarsi (vr)	식중독에 걸리다	sik-jung-do-ge geol-li-da
artrite (f)	관절염	gwan-jeo-ryeom
rachitide (f)	구루병	gu-ru-byeong
reumatismo (m)	류머티즘	ryu-meo-ti-jeum
gastrite (f)	위염	wi-yeom
appendicite (f)	맹장염	maeng-jang-yeom
colecistite (f)	담낭염	dam-nang-yeom

ulcera (f)	궤양	gwe-yang
morbillo (m)	홍역	hong-yeok
rosolia (f)	풍진	pung-jin
itterizia (f)	황달	hwang-dal
epatite (f)	간염	gan-nyeom
schizofrenia (f)	정신 분열증	jeong-sin bu-nyeol-jeung
rabbia (f)	광견병	gwang-gyeon-byeong
nevrosi (f)	신경증	sin-gyeong-jeung
commozione (f) cerebrale	뇌진탕	noe-jin-tang
cancro (m)	암	am
sclerosi (f)	경화증	gyeong-hwa-jeung
sclerosi (f) multipla	다발성 경화증	da-bal-seong gyeong-hwa-jeung
alcolismo (m)	알코올 중독	al-ko-ol jung-dok
alcolizzato (m)	알코올 중독자	al-ko-ol jung-dok-ja
sifilide (f)	매독	mae-dok
AIDS (m)	에이즈	e-i-jeu
tumore (m)	종양	jong-yang
maligno (agg)	악성의	ak-seong-ui
benigno (agg)	양성의	yang-seong-ui
febbre (f)	열병	yeol-byeong
malaria (f)	말라리아	mal-la-ri-a
cancrena (f)	괴저	goe-jeo
mal (m) di mare	뱃멀미	baen-meol-mi
epilessia (f)	간질	gan-jil
epidemia (f)	유행병	yu-haeng-byeong
tifo (m)	발진티푸스	bal-jin-ti-pu-seu
tubercolosi (f)	결핵	gyeol-haek
colera (m)	콜레라	kol-le-ra
peste (f)	페스트	pe-seu-teu

48. Sintomi. Cure. Parte 1

sintomo (m)	증상	jeung-sang
temperatura (f)	체온	che-on
febbre (f) alta	열	yeol
polso (m)	맥박	maek-bak
capogiro (m)	현기증	hyeon-gi-jeung
caldo (agg)	뜨거운	tteu-geo-un
brivido (m)	전율	jeo-nyul
pallido (un viso ~)	창백한	chang-baek-an
tosse (f)	기침	gi-chim
tossire (vi)	기침을 하다	gi-chi-meul ha-da
starnutire (vi)	재채기하다	jae-chae-gi-ha-da
svenimento (m)	실신	sil-sin
svenire (vi)	실신하다	sil-sin-ha-da

livido (m)	멍	meong
bernoccolo (m)	혹	hok
farsi un livido	부딪치다	bu-dit-chi-da
contusione (f)	타박상	ta-bak-sang
farsi male	타박상을 입다	ta-bak-sang-eul rip-da

zoppicare (vi)	절다	jeol-da
slogatura (f)	탈구	tal-gu
slogarsi (vr)	탈구하다	tal-gu-ha-da
frattura (f)	골절	gol-jeol
fratturarsi (vr)	골절하다	gol-jeol-ha-da

taglio (m)	베인	be-in
tagliarsi (vr)	베다	jeol-chang-eul rip-da
emorragia (f)	출혈	chul-hyeol

| scottatura (f) | 화상 | hwa-sang |
| scottarsi (vr) | 데다 | de-da |

pungere (vt)	찌르다	jji-reu-da
pungersi (vr)	찔리다	jjil-li-da
ferire (vt)	다치다	da-chi-da
ferita (f)	부상	bu-sang
lesione (f)	부상	bu-sang
trauma (m)	정신적 외상	jeong-sin-jeok goe-sang

delirare (vi)	망상을 겪다	mang-sang-eul gyeok-da
tartagliare (vi)	말을 더듬다	ma-reul deo-deum-da
colpo (m) di sole	일사병	il-sa-byeong

49. Sintomi. Cure. Parte 2

| dolore (m), male (m) | 통증 | tong-jeung |
| scheggia (f) | 가시 | ga-si |

sudore (m)	땀	ttam
sudare (vi)	땀이 나다	ttam-i na-da
vomito (m)	구토	gu-to
convulsioni (f pl)	경련	gyeong-nyeon

incinta (agg)	임신한	im-sin-han
nascere (vi)	태어나다	tae-eo-na-da
parto (m)	출산	chul-san
essere in travaglio di parto	낳다	na-ta
aborto (m)	낙태	nak-tae

respirazione (f)	호흡	ho-heup
inspirazione (f)	들숨	deul-sum
espirazione (f)	날숨	nal-sum
espirare (vi)	내쉬다	nae-swi-da
inspirare (vi)	들이쉬다	deu-ri-swi-da

| invalido (m) | 장애인 | jang-ae-in |
| storpio (m) | 병신 | byeong-sin |

drogato (m)	마약 중독자	ma-yak jung-dok-ja
sordo (agg)	귀가 먼	gwi-ga meon
muto (agg)	병어리인	beong-eo-ri-in
sordomuto (agg)	농아인	nong-a-in
matto (agg)	미친	mi-chin
matto (m)	광인	gwang-in
matta (f)	광인	gwang-in
impazzire (vi)	미치다	mi-chi-da
gene (m)	유전자	yu-jeon-ja
immunità (f)	면역성	myeo-nyeok-seong
ereditario (agg)	유전의	yu-jeon-ui
innato (agg)	선천적인	seon-cheon-jeo-gin
virus (m)	바이러스	ba-i-reo-seu
microbo (m)	미생물	mi-saeng-mul
batterio (m)	세균	se-gyun
infezione (f)	감염	gam-nyeom

50. Sintomi. Cure. Parte 3

ospedale (m)	병원	byeong-won
paziente (m)	환자	hwan-ja
diagnosi (f)	진단	jin-dan
cura (f)	치료	chi-ryo
curarsi (vr)	치료를 받다	chi-ryo-reul bat-da
curare (vt)	치료하다	chi-ryo-ha-da
accudire (un malato)	간호하다	gan-ho-ha-da
assistenza (f)	간호	gan-ho
operazione (f)	수술	su-sul
bendare (vt)	붕대를 감다	bung-dae-reul gam-da
fasciatura (f)	붕대	bung-dae
vaccinazione (f)	예방주사	ye-bang-ju-sa
vaccinare (vt)	접종하다	jeop-jong-ha-da
iniezione (f)	주사	ju-sa
fare una puntura	주사하다	ju-sa-ha-da
amputazione (f)	절단	jeol-dan
amputare (vt)	절단하다	jeol-dan-ha-da
coma (m)	혼수 상태	hon-su sang-tae
essere in coma	혼수 상태에 있다	hon-su sang-tae-e it-da
rianimazione (f)	집중 치료	jip-jung chi-ryo
guarire (vi)	회복하다	hoe-bok-a-da
stato (f) (del paziente)	상태	sang-tae
conoscenza (f)	의식	ui-sik
memoria (f)	기억	gi-eok
estrarre (~ un dente)	빼다	ppae-da
otturazione (f)	충전물	chung-jeon-mul

otturare (vt)	때우다	ttae-u-da
ipnosi (f)	최면	choe-myeon
ipnotizzare (vt)	최면을 걸다	choe-myeo-neul geol-da

51. Medici

medico (m)	의사	ui-sa
infermiera (f)	간호사	gan-ho-sa
medico (m) personale	개인 의사	gae-in ui-sa
dentista (m)	치과 의사	chi-gwa ui-sa
oculista (m)	안과 의사	an-gwa ui-sa
internista (m)	내과 의사	nae-gwa ui-sa
chirurgo (m)	외과 의사	oe-gwa ui-sa
psichiatra (m)	정신과 의사	jeong-sin-gwa ui-sa
pediatra (m)	소아과 의사	so-a-gwa ui-sa
psicologo (m)	심리학자	sim-ni-hak-ja
ginecologo (m)	부인과 의사	bu-in-gwa ui-sa
cardiologo (m)	심장병 전문의	sim-jang-byeong jeon-mun-ui

52. Medicinali. Farmaci. Accessori

medicina (f)	약	yak
rimedio (m)	약제	yak-je
prescrizione (f)	처방	cheo-bang
compressa (f)	정제	jeong-je
unguento (m)	연고	yeon-go
fiala (f)	앰풀	aem-pul
pozione (f)	혼합물	hon-ham-mul
sciroppo (m)	물약	mul-lyak
pillola (f)	알약	a-ryak
polverina (f)	가루약	ga-ru-yak
benda (f)	거즈 붕대	geo-jeu bung-dae
ovatta (f)	솜	som
iodio (m)	요오드	yo-o-deu
cerotto (m)	반창고	ban-chang-go
contagocce (m)	점안기	jeom-an-gi
termometro (m)	체온계	che-on-gye
siringa (f)	주사기	ju-sa-gi
sedia (f) a rotelle	휠체어	hwil-che-eo
stampelle (f pl)	목발	mok-bal
analgesico (m)	진통제	jin-tong-je
lassativo (m)	완하제	wan-ha-je
alcol (m)	알코올	al-ko-ol
erba (f) officinale	약초	yak-cho
d'erbe (infuso ~)	약초의	yak-cho-ui

HABITAT UMANO

Città

53. Città. Vita di città

città (f)	도시	do-si
capitale (f)	수도	su-do
villaggio (m)	마을	ma-eul
mappa (f) della città	도시 지도	do-si ji-do
centro (m) della città	시내	si-nae
sobborgo (m)	근교	geun-gyo
suburbano (agg)	근교의	geun-gyo-ui
dintorni (m pl)	주변	ju-byeon
isolato (m)	한 구획	han gu-hoek
quartiere residenziale	동	dong
traffico (m)	교통	gyo-tong
semaforo (m)	신호등	sin-ho-deung
trasporti (m pl) urbani	대중교통	dae-jung-gyo-tong
incrocio (m)	교차로	gyo-cha-ro
passaggio (m) pedonale	횡단 보도	hoeng-dan bo-do
sottopassaggio (m)	지하 보도	ji-ha bo-do
attraversare (vt)	건너가다	geon-neo-ga-da
pedone (m)	보행자	bo-haeng-ja
marciapiede (m)	인도	in-do
ponte (m)	다리	da-ri
banchina (f)	강변로	gang-byeon-no
vialetto (m)	길	gil
parco (m)	공원	gong-won
boulevard (m)	대로	dae-ro
piazza (f)	광장	gwang-jang
viale (m), corso (m)	가로	ga-ro
via (f), strada (f)	거리	geo-ri
vicolo (m)	골목	gol-mok
vicolo (m) cieco	막다른길	mak-da-reun-gil
casa (f)	집	jip
edificio (m)	빌딩	bil-ding
grattacielo (m)	고층 건물	go-cheung geon-mul
facciata (f)	전면	jeon-myeon
tetto (m)	지붕	ji-bung
finestra (f)	창문	chang-mun

arco (m)	아치	a-chi
colonna (f)	기둥	gi-dung
angolo (m)	모퉁이	mo-tung-i
vetrina (f)	쇼윈도우	syo-win-do-u
insegna (f) (di negozi, ecc.)	간판	gan-pan
cartellone (m)	포스터	po-seu-teo
cartellone (m) pubblicitario	광고 포스터	gwang-go po-seu-teo
tabellone (m) pubblicitario	광고판	gwang-go-pan
pattume (m), spazzatura (f)	쓰레기	sseu-re-gi
pattumiera (f)	쓰레기통	sseu-re-gi-tong
discarica (f) di rifiuti	쓰레기장	sseu-re-gi-jang
cabina (f) telefonica	공중 전화	gong-jung jeon-hwa
lampione (m)	가로등	ga-ro-deung
panchina (f)	벤치	ben-chi
poliziotto (m)	경찰관	gyeong-chal-gwan
polizia (f)	경찰	gyeong-chal
mendicante (m)	거지	geo-ji
barbone (m)	노숙자	no-suk-ja

54. Servizi cittadini

negozio (m)	가게, 상점	ga-ge, sang-jeom
farmacia (f)	약국	yak-guk
ottica (f)	안경 가게	an-gyeong ga-ge
centro (m) commerciale	쇼핑몰	syo-ping-mol
supermercato (m)	슈퍼마켓	syu-peo-ma-ket
panetteria (f)	빵집	ppang-jip
fornaio (m)	제빵사	je-ppang-sa
pasticceria (f)	제과점	je-gwa-jeom
drogheria (f)	식료품점	sing-nyo-pum-jeom
macelleria (f)	정육점	jeong-yuk-jeom
fruttivendolo (m)	야채 가게	ya-chae ga-ge
mercato (m)	시장	si-jang
caffè (m)	커피숍	keo-pi-syop
ristorante (m)	레스토랑	re-seu-to-rang
birreria (f), pub (m)	바	ba
pizzeria (f)	피자 가게	pi-ja ga-ge
salone (m) di parrucchiere	미장원	mi-jang-won
ufficio (m) postale	우체국	u-che-guk
lavanderia (f) a secco	드라이 클리닝	deu-ra-i keul-li-ning
studio (m) fotografico	사진관	sa-jin-gwan
negozio (m) di scarpe	신발 가게	sin-bal ga-ge
libreria (f)	서점	seo-jeom
negozio (m) sportivo	스포츠용품 매장	seu-po-cheu-yong-pum mae-jang

riparazione (f) di abiti	옷 수선 가게	ot su-seon ga-ge
noleggio (m) di abiti	의류 임대	ui-ryu im-dae
noleggio (m) di film	비디오 대여	bi-di-o dae-yeo
circo (m)	서커스	seo-keo-seu
zoo (m)	동물원	dong-mu-rwon
cinema (m)	영화관	yeong-hwa-gwan
museo (m)	박물관	bang-mul-gwan
biblioteca (f)	도서관	do-seo-gwan
teatro (m)	극장	geuk-jang
teatro (m) dell'opera	오페라극장	o-pe-ra-geuk-jang
locale notturno (m)	나이트 클럽	na-i-teu keul-leop
casinò (m)	카지노	ka-ji-no
moschea (f)	모스크	mo-seu-keu
sinagoga (f)	유대교 회당	yu-dae-gyo hoe-dang
cattedrale (f)	대성당	dae-seong-dang
tempio (m)	사원, 신전	sa-won, sin-jeon
chiesa (f)	교회	gyo-hoe
istituto (m)	단과대학	dan-gwa-dae-hak
università (f)	대학교	dae-hak-gyo
scuola (f)	학교	hak-gyo
prefettura (f)	도, 현	do, hyeon
municipio (m)	시청	si-cheong
albergo, hotel (m)	호텔	ho-tel
banca (f)	은행	eun-haeng
ambasciata (f)	대사관	dae-sa-gwan
agenzia (f) di viaggi	여행사	yeo-haeng-sa
ufficio (m) informazioni	안내소	an-nae-so
ufficio (m) dei cambi	환전소	hwan-jeon-so
metropolitana (f)	지하철	ji-ha-cheol
ospedale (m)	병원	byeong-won
distributore (m) di benzina	주유소	ju-yu-so
parcheggio (m)	주차장	ju-cha-jang

55. Cartelli

insegna (f) (di negozi, ecc.)	간판	gan-pan
iscrizione (f)	안내문	an-nae-mun
cartellone (m)	포스터	po-seu-teo
segnale (m) di direzione	방향표시	bang-hyang-pyo-si
freccia (f)	화살표	hwa-sal-pyo
avvertimento (m)	경고	gyeong-go
avviso (m)	경고판	gyeong-go-pan
avvertire, avvisare (vt)	경고하다	gyeong-go-ha-da
giorno (m) di riposo	휴일	hyu-il
orario (m)	시간표	si-gan-pyo

orario (m) di apertura	영업 시간	yeong-eop si-gan
BENVENUTI!	어서 오세요!	eo-seo o-se-yo!
ENTRATA	입구	ip-gu
USCITA	출구	chul-gu
SPINGERE	미세요	mi-se-yo
TIRARE	당기세요	dang-gi-se-yo
APERTO	열림	yeol-lim
CHIUSO	닫힘	da-chim
DONNE	여성전용	yeo-seong-jeo-nyong
UOMINI	남성	nam-seong-jeo-nyong
SCONTI	할인	ha-rin
SALDI	세일	se-il
NOVITÀ!	신상품	sin-sang-pum
GRATIS	공짜	gong-jja
ATTENZIONE!	주의!	ju-ui!
COMPLETO	빈 방 없음	bin bang eop-seum
RISERVATO	예약석	ye-yak-seok
AMMINISTRAZIONE	관리부	gwal-li-bu
RISERVATO AL PERSONALE	직원 전용	ji-gwon jeo-nyong
ATTENTI AL CANE	개조심	gae-jo-sim
VIETATO FUMARE!	금연	geu-myeon
NON TOCCARE	손 대지 마시오!	son dae-ji ma-si-o!
PERICOLOSO	위험	wi-heom
PERICOLO	위험	wi-heom
ALTA TENSIONE	고전압	go-jeon-ap
DIVIETO DI BALNEAZIONE	수영 금지	su-yeong geum-ji
GUASTO	수리중	su-ri-jung
INFIAMMABILE	가연성 물자	ga-yeon-seong mul-ja
VIETATO	금지	geum-ji
VIETATO L'INGRESSO	출입 금지	chu-rip geum-ji
VERNICE FRESCA	칠 주의	chil ju-ui

56. Mezzi pubblici in città

autobus (m)	버스	beo-seu
tram (m)	전차	jeon-cha
filobus (m)	트롤리 버스	teu-rol-li beo-seu
itinerario (m)	노선	no-seon
numero (m)	번호	beon-ho
andare in …	… 타고 가다	… ta-go ga-da
salire (~ sull'autobus)	타다	ta-da
scendere da …	… 에서 내리다	… e-seo nae-ri-da
fermata (f) (~ dell'autobus)	정류장	jeong-nyu-jang
prossima fermata (f)	다음 정류장	da-eum jeong-nyu-jang

capolinea (m)	종점	jong-jeom
orario (m)	시간표	si-gan-pyo
aspettare (vt)	기다리다	gi-da-ri-da

| biglietto (m) | 표 | pyo |
| prezzo (m) del biglietto | 요금 | yo-geum |

cassiere (m)	계산원	gye-san-won
controllo (m) dei biglietti	검표	geom-pyo
bigliettaio (m)	검표원	geom-pyo-won

essere in ritardo	··· 시간에 늦다	... si-gan-e neut-da
perdere (~ il treno)	놓치다	no-chi-da
avere fretta	서두르다	seo-du-reu-da

taxi (m)	택시	taek-si
taxista (m)	택시 운전 기사	taek-si un-jeon gi-sa
in taxi	택시로	taek-si-ro
parcheggio (m) di taxi	택시 정류장	taek-si jeong-nyu-jang
chiamare un taxi	택시를 부르다	taek-si-reul bu-reu-da
prendere un taxi	택시를 타다	taek-si-reul ta-da

traffico (m)	교통	gyo-tong
ingorgo (m)	교통 체증	gyo-tong che-jeung
ore (f pl) di punta	러시 아워	reo-si a-wo
parcheggiarsi (vr)	주차하다	ju-cha-ha-da
parcheggiare (vt)	주차하다	ju-cha-ha-da
parcheggio (m)	주차장	ju-cha-jang

metropolitana (f)	지하철	ji-ha-cheol
stazione (f)	역	yeok
prendere la metropolitana	지하철을 타다	ji-ha-cheo-reul ta-da
treno (m)	기차	gi-cha
stazione (f) ferroviaria	기차역	gi-cha-yeok

57. Visita turistica

monumento (m)	기념비	gi-nyeom-bi
fortezza (f)	요새	yo-sae
palazzo (m)	궁전	gung-jeon
castello (m)	성	seong
torre (f)	탑	tap
mausoleo (m)	영묘	yeong-myo

architettura (f)	건축	geon-chuk
medievale (agg)	중세의	jung-se-ui
antico (agg)	고대의	go-dae-ui
nazionale (agg)	국가의	guk-ga-ui
famoso (agg)	유명한	yu-myeong-han

turista (m)	관광객	gwan-gwang-gaek
guida (f)	가이드	ga-i-deu
escursione (f)	견학, 관광	gyeon-hak, gwan-gwang
fare vedere	보여주다	bo-yeo-ju-da

raccontare (vt)	이야기하다	i-ya-gi-ha-da
trovare (vt)	찾다	chat-da
perdersi (vr)	길을 잃다	gi-reul ril-ta
mappa (f) (~ della metropolitana)	노선도	no-seon-do
piantina (f) (~ della città)	지도	ji-do
souvenir (m)	기념품	gi-nyeom-pum
negozio (m) di articoli da regalo	기념품 가게	gi-nyeom-pum ga-ge
fare foto	사진을 찍다	sa-ji-neul jjik-da
fotografarsi	사진을 찍다	sa-ji-neul jjik-da

58. Acquisti

comprare (vt)	사다	sa-da
acquisto (m)	구매	gu-mae
fare acquisti	쇼핑하다	syo-ping-ha-da
shopping (m)	쇼핑	syo-ping
essere aperto (negozio)	열리다	yeol-li-da
essere chiuso	닫다	dat-da
calzature (f pl)	신발	sin-bal
abbigliamento (m)	옷	ot
cosmetica (f)	화장품	hwa-jang-pum
alimentari (m pl)	식품	sik-pum
regalo (m)	선물	seon-mul
commesso (m)	판매원	pan-mae-won
commessa (f)	여판매원	yeo-pan-mae-won
cassa (f)	계산대	gye-san-dae
specchio (m)	거울	geo-ul
banco (m)	계산대	gye-san-dae
camerino (m)	탈의실	ta-rui-sil
provare (~ un vestito)	입어보다	i-beo-bo-da
stare bene (vestito)	어울리다	eo-ul-li-da
piacere (vi)	좋아하다	jo-a-ha-da
prezzo (m)	가격	ga-gyeok
etichetta (f) del prezzo	가격표	ga-gyeok-pyo
costare (vt)	값이 ··· 이다	gap-si ... i-da
Quanto?	얼마?	eol-ma?
sconto (m)	할인	ha-rin
no muy caro (agg)	비싸지 않은	bi-ssa-ji a-neun
a buon mercato	싼	ssan
caro (agg)	비싼	bi-ssan
È caro	비쌉니다	bi-ssam-ni-da
noleggio (m)	임대	im-dae
noleggiare (~ un abito)	빌리다	bil-li-da

| credito (m) | 신용 | si-nyong |
| a credito | 신용으로 | si-nyong-eu-ro |

59. Denaro

soldi (m pl)	돈	don
cambio (m)	환전	hwan-jeon
corso (m) di cambio	환율	hwa-nyul
bancomat (m)	현금 자동 지급기	hyeon-geum ja-dong ji-geup-gi

| moneta (f) | 동전 | dong-jeon |

| dollaro (m) | 달러 | dal-leo |
| euro (m) | 유로 | yu-ro |

lira (f)	리라	ri-ra
marco (m)	마르크	ma-reu-keu
franco (m)	프랑	peu-rang
sterlina (f)	파운드	pa-un-deu
yen (m)	엔	en

debito (m)	빚	bit
debitore (m)	채무자	chae-mu-ja
prestare (~ i soldi)	빌려주다	bil-lyeo-ju-da
prendere in prestito	빌리다	bil-li-da

banca (f)	은행	eun-haeng
conto (m)	계좌	gye-jwa
versare sul conto	계좌에 입금하다	ip-geum-ha-da
prelevare dal conto	출금하다	chul-geum-ha-da

carta (f) di credito	신용 카드	si-nyong ka-deu
contanti (m pl)	현금	hyeon-geum
assegno (m)	수표	su-pyo
emettere un assegno	수표를 끊다	su-pyo-reul kkeun-ta
libretto (m) di assegni	수표책	su-pyo-chaek

portafoglio (m)	지갑	ji-gap
borsellino (m)	동전지갑	dong-jeon-ji-gap
cassaforte (f)	금고	geum-go

erede (m)	상속인	sang-so-gin
eredità (f)	유산	yu-san
fortuna (f)	재산, 큰돈	jae-san, keun-don

affitto (m), locazione (f)	임대	im-dae
canone (m) d'affitto	집세	jip-se
affittare (dare in affitto)	임대하다	im-dae-ha-da

prezzo (m)	가격	ga-gyeok
costo (m)	비용	bi-yong
somma (f)	액수	aek-su
spendere (vt)	쓰다	sseu-da
spese (f pl)	출비를	chul-bi-reul

economizzare (vi, vt)	절약하다	jeo-ryak-a-da
economico (agg)	경제적인	gyeong-je-jeo-gin
pagare (vi, vt)	지불하다	ji-bul-ha-da
pagamento (m)	지불	ji-bul
resto (m) (dare il ~)	거스름돈	geo-seu-reum-don
imposta (f)	세금	se-geum
multa (f), ammenda (f)	벌금	beol-geum
multare (vt)	벌금을 부과하다	beol-geu-meul bu-gwa-ha-da

60. Posta. Servizio postale

ufficio (m) postale	우체국	u-che-guk
posta (f) (lettere, ecc.)	우편물	u-pyeon-mul
postino (m)	우체부	u-che-bu
orario (m) di apertura	영업 시간	yeong-eop si-gan
lettera (f)	편지	pyeon-ji
raccomandata (f)	등기 우편	deung-gi u-pyeon
cartolina (f)	엽서	yeop-seo
telegramma (m)	전보	jeon-bo
pacco (m) postale	소포	so-po
vaglia (m) postale	송금	song-geum
ricevere (vt)	받다	bat-da
spedire (vt)	보내다	bo-nae-da
invio (m)	발송	bal-song
indirizzo (m)	주소	ju-so
codice (m) postale	우편 번호	u-pyeon beon-ho
mittente (m)	발송인	bal-song-in
destinatario (m)	수신인	su-sin-in
nome (m)	이름	i-reum
cognome (m)	성	seong
tariffa (f)	요금	yo-geum
ordinario (agg)	일반의	il-ba-nui
standard (agg)	경제적인	gyeong-je-jeo-gin
peso (m)	무게	mu-ge
pesare (vt)	무게를 달다	mu-ge-reul dal-da
busta (f)	봉투	bong-tu
francobollo (m)	우표	u-pyo

Abitazione. Casa

61. Casa. Elettricità

elettricità (f)	전기	jeon-gi
lampadina (f)	전구	jeon-gu
interruttore (m)	스위치	seu-wi-chi
fusibile (m)	퓨즈	pyu-jeu
filo (m)	전선	jeon-seon
impianto (m) elettrico	배선	bae-seon
contatore (m) dell'elettricità	전기 계량기	jeon-gi gye-ryang-gi
lettura, indicazione (f)	판독값	pan-dok-gap

62. Villa. Palazzo

casa (f) di campagna	시외 주택	si-oe ju-taek
villa (f)	별장	byeol-jang
ala (f)	동	dong
giardino (m)	정원	jeong-won
parco (m)	공원	gong-won
serra (f)	열대온실	yeol-dae-on-sil
prendersi cura (~ del giardino)	… 을 말다	… eul mat-da
piscina (f)	수영장	su-yeong-jang
palestra (f)	헬스장	hel-seu-jang
campo (m) da tennis	테니스장	te-ni-seu-jang
home cinema (m)	홈씨어터	hom-ssi-eo-teo
garage (m)	차고	cha-go
proprietà (f) privata	개인 소유물	gae-in so-yu-mul
terreno (m) privato	사유 토지	sa-yu to-ji
avvertimento (m)	경고	gyeong-go
cartello (m) di avvertimento	경고판	gyeong-go-pan
sicurezza (f)	보안	bo-an
guardia (f) giurata	보안요원	bo-a-nyo-won
allarme (f) antifurto	도난 경보기	do-nan gyeong-bo-gi

63. Appartamento

appartamento (m)	아파트	a-pa-teu
camera (f), stanza (f)	방	bang

camera (f) da letto	침실	chim-sil
sala (f) da pranzo	식당	sik-dang
salotto (m)	거실	geo-sil
studio (m)	서재	seo-jae

ingresso (m)	곁방	gyeot-bang
bagno (m)	욕실	yok-sil
gabinetto (m)	화장실	hwa-jang-sil

soffitto (m)	천장	cheon-jang
pavimento (m)	마루	ma-ru
angolo (m)	구석	gu-seok

64. Arredamento. Interno

mobili (m pl)	가구	ga-gu
tavolo (m)	식탁, 테이블	sik-tak, te-i-beul
sedia (f)	의자	ui-ja
letto (m)	침대	chim-dae
divano (m)	소파	so-pa
poltrona (f)	안락 의자	al-lak gui-ja

| libreria (f) | 책장 | chaek-jang |
| ripiano (m) | 책꽂이 | chaek-kko-ji |

armadio (m)	옷장	ot-jang
attaccapanni (m) da parete	옷걸이	ot-geo-ri
appendiabiti (m) da terra	스탠드옷걸이	seu-taen-deu-ot-geo-ri

| comò (m) | 서랍장 | seo-rap-jang |
| tavolino (m) da salotto | 커피 테이블 | keo-pi te-i-beul |

specchio (m)	거울	geo-ul
tappeto (m)	양탄자	yang-tan-ja
tappetino (m)	러그	reo-geu

camino (m)	벽난로	byeong-nan-no
candela (f)	초	cho
candeliere (m)	촛대	chot-dae

tende (f pl)	커튼	keo-teun
carta (f) da parati	벽지	byeok-ji
tende (f pl) alla veneziana	블라인드	beul-la-in-deu

| lampada (f) da tavolo | 테이블 램프 | deung |
| lampada (f) da parete | 벽등 | byeok-deung |

| lampada (f) a stelo | 플로어 스탠드 | peul-lo-eo seu-taen-deu |
| lampadario (m) | 샹들리에 | syang-deul-li-e |

gamba (f)	다리	da-ri
bracciolo (m)	팔걸이	pal-geo-ri
spalliera (f)	등받이	deung-ba-ji
cassetto (m)	서랍	seo-rap

65. Biancheria da letto

biancheria (f) da letto	침구	chim-gu
cuscino (m)	베개	be-gae
federa (f)	베갯잇	be-gaen-nit
coperta (f)	이불	i-bul
lenzuolo (m)	시트	si-teu
copriletto (m)	침대보	chim-dae-bo

66. Cucina

cucina (f)	부엌	bu-eok
gas (m)	가스	ga-seu
fornello (m) a gas	가스 레인지	ga-seu re-in-ji
fornello (m) elettrico	전기 레인지	jeon-gi re-in-ji
forno (m)	오븐	o-beun
forno (m) a microonde	전자 레인지	jeon-ja re-in-ji
frigorifero (m)	냉장고	naeng-jang-go
congelatore (m)	냉동고	naeng-dong-go
lavastoviglie (f)	식기 세척기	sik-gi se-cheok-gi
tritacarne (m)	고기 분쇄기	go-gi bun-swae-gi
spremifrutta (m)	과즙기	gwa-jeup-gi
tostapane (m)	토스터	to-seu-teo
mixer (m)	믹서기	mik-seo-gi
macchina (f) da caffè	커피 메이커	keo-pi me-i-keo
caffettiera (f)	커피 주전자	keo-pi ju-jeon-ja
macinacaffè (m)	커피 그라인더	keo-pi geu-ra-in-deo
bollitore (m)	주전자	ju-jeon-ja
teiera (f)	티팟	ti-pat
coperchio (m)	뚜껑	ttu-kkeong
colino (m) da tè	차거름망	cha-geo-reum-mang
cucchiaio (m)	숟가락	sut-ga-rak
cucchiaino (m) da tè	티스푼	ti-seu-pun
cucchiaio (m)	숟가락	sut-ga-rak
forchetta (f)	포크	po-keu
coltello (m)	칼	kal
stoviglie (f pl)	식기	sik-gi
piatto (m)	접시	jeop-si
piattino (m)	받침 접시	bat-chim jeop-si
cicchetto (m)	소주잔	so-ju-jan
bicchiere (m) (~ d'acqua)	유리잔	yu-ri-jan
tazzina (f)	컵	keop
zuccheriera (f)	설탕그릇	seol-tang-geu-reut
saliera (f)	소금통	so-geum-tong
pepiera (f)	후추통	hu-chu-tong

burriera (f)	버터 접시	beo-teo jeop-si
pentola (f)	냄비	naem-bi
padella (f)	프라이팬	peu-ra-i-paen
mestolo (m)	국자	guk-ja
colapasta (m)	체	che
vassoio (m)	쟁반	jaeng-ban
bottiglia (f)	병	byeong
barattolo (m) di vetro	유리병	yu-ri-byeong
latta, lattina (f)	캔, 깡통	kaen, kkang-tong
apribottiglie (m)	병따개	byeong-tta-gae
apriscatole (m)	깡통 따개	kkang-tong tta-gae
cavatappi (m)	코르크 마개 뽑이	ko-reu-keu ma-gae ppo-bi
filtro (m)	필터	pil-teo
filtrare (vt)	여과하다	yeo-gwa-ha-da
spazzatura (f)	쓰레기	sseu-re-gi
pattumiera (f)	쓰레기통	sseu-re-gi-tong

67. Bagno

bagno (m)	욕실	yok-sil
acqua (f)	물	mul
rubinetto (m)	수도꼭지	su-do-kkok-ji
acqua (f) calda	온수	on-su
acqua (f) fredda	냉수	naeng-su
dentifricio (m)	치약	chi-yak
lavarsi i denti	이를 닦다	i-reul dak-da
rasarsi (vr)	깎다	kkak-da
schiuma (f) da barba	면도 크림	myeon-do keu-rim
rasoio (m)	면도기	myeon-do-gi
lavare (vt)	씻다	ssit-da
fare un bagno	목욕하다	mo-gyok-a-da
doccia (f)	샤워	sya-wo
fare una doccia	샤워하다	sya-wo-ha-da
vasca (f) da bagno	욕조	yok-jo
water (m)	변기	byeon-gi
lavandino (m)	세면대	se-myeon-dae
sapone (m)	비누	bi-nu
porta (m) sapone	비누 그릇	bi-nu geu-reut
spugna (f)	스펀지	seu-peon-ji
shampoo (m)	샴푸	syam-pu
asciugamano (m)	수건	su-geon
accappatoio (m)	목욕가운	mo-gyok-ga-un
bucato (m)	빨래	ppal-lae
lavatrice (f)	세탁기	se-tak-gi

fare il bucato	빨래하다	ppal-lae-ha-da
detersivo (m) per il bucato	가루세제	ga-ru-se-je

68. Elettrodomestici

televisore (m)	텔레비전	tel-le-bi-jeon
registratore (m) a nastro	카세트 플레이어	ka-se-teu peul-le-i-eo
videoregistratore (m)	비디오테이프 녹화기	bi-di-o-te-i-peu nok-wa-gi
radio (f)	라디오	ra-di-o
lettore (m)	플레이어	peul-le-i-eo
videoproiettore (m)	프로젝터	peu-ro-jek-teo
home cinema (m)	홈씨어터	hom-ssi-eo-teo
lettore (m) DVD	디비디 플레이어	di-bi-di peul-le-i-eo
amplificatore (m)	앰프	aem-peu
console (f) video giochi	게임기	ge-im-gi
videocamera (f)	캠코더	kaem-ko-deo
macchina (f) fotografica	카메라	ka-me-ra
fotocamera (f) digitale	디지털 카메라	di-ji-teol ka-me-ra
aspirapolvere (m)	진공 청소기	jin-gong cheong-so-gi
ferro (m) da stiro	다리미	da-ri-mi
asse (f) da stiro	다림질 판	da-rim-jil pan
telefono (m)	전화	jeon-hwa
telefonino (m)	휴대폰	hyu-dae-pon
macchina (f) da scrivere	타자기	ta-ja-gi
macchina (f) da cucire	재봉틀	jae-bong-teul
microfono (m)	마이크	ma-i-keu
cuffia (f)	헤드폰	he-deu-pon
telecomando (m)	원격 조종	won-gyeok jo-jong
CD (m)	씨디	ssi-di
cassetta (f)	테이프	te-i-peu
disco (m) (vinile)	레코드 판	re-ko-deu pan

ATTIVITÀ UMANA

Lavoro. Affari. Parte 1

69. Ufficio. Lavorare in ufficio

uffici (m pl) (gli ~ della società)	사무실	sa-mu-sil
ufficio (m)	사무실	sa-mu-sil
portineria (f)	접수처	jeop-su-cheo
segretario (m)	비서	bi-seo
direttore (m)	사장	sa-jang
manager (m)	매니저	mae-ni-jeo
contabile (m)	회계사	hoe-gye-sa
impiegato (m)	직원	ji-gwon
mobili (m pl)	가구	ga-gu
scrivania (f)	책상	chaek-sang
poltrona (f)	책상 의자	chaek-sang ui-ja
appendiabiti (m) da terra	스탠드옷걸이	seu-taen-deu-ot-geo-ri
computer (m)	컴퓨터	keom-pyu-teo
stampante (f)	프린터	peu-rin-teo
fax (m)	팩스기	paek-seu-gi
fotocopiatrice (f)	복사기	bok-sa-gi
carta (f)	종이	jong-i
cancelleria (f)	사무용품	sa-mu-yong-pum
tappetino (m) del mouse	마우스 패드	ma-u-seu pae-deu
foglio (m)	한 장	han jang
cartella (f)	바인더	ba-in-deo
catalogo (m)	카탈로그	ka-tal-lo-geu
elenco (m) del telefono	전화번호부	jeon-hwa-beon-ho-bu
documentazione (f)	문서	mun-seo
opuscolo (m)	브로셔	beu-ro-syeo
volantino (m)	전단	jeon-dan
campione (m)	샘플	saem-peul
formazione (f)	수련회를	su-ryeon-hoe-reul
riunione (f)	회의	hoe-ui
pausa (f) pranzo	점심시간	jeom-sim-si-gan
copiare (vt)	사본을 만들다	sa-bo-neul man-deul-da
fare copie	복사하다	bok-sa-ha-da
ricevere un fax	팩스를 받다	paek-seu-reul bat-da
spedire un fax	팩스를 보내다	paek-seu-reul bo-nae-da
telefonare (vi, vt)	전화하다	jeon-hwa-ha-da
rispondere (vi, vt)	대답하다	dae-da-pa-da

passare (glielo passo)	연결해 주다	yeon-gyeol-hae ju-da
fissare (organizzare)	마련하다	ma-ryeon-ha-da
dimostrare (vt)	전시하다	jeon-si-ha-da
essere assente	결석하다	gyeol-seok-a-da
assenza (f)	결근	gyeol-geun

70. Operazioni d'affari. Parte 1

occupazione (f)	직업	ji-geop
ditta (f)	회사	hoe-sa
compagnia (f)	회사	hoe-sa
corporazione (f)	사단 법인	sa-dan beo-bin
impresa (f)	업체	eop-che
agenzia (f)	에이전시	e-i-jeon-si
accordo (m)	약정	yak-jeong
contratto (m)	계약	gye-yak
affare (m)	거래	geo-rae
ordine (m) (ordinazione)	주문	ju-mun
termine (m) dell'accordo	조건	jo-geon
all'ingrosso	도매로	do-mae-ro
all'ingrosso (agg)	도매의	do-mae-ui
vendita (f) all'ingrosso	도매	do-mae
al dettaglio (agg)	소매의	so-mae-ui
vendita (f) al dettaglio	소매	so-mae
concorrente (m)	경쟁자	gyeong-jaeng-ja
concorrenza (f)	경쟁	gyeong-jaeng
competere (vi)	경쟁하다	gyeong-jaeng-ha-da
socio (m), partner (m)	파트너	pa-teu-neo
partenariato (m)	파트너십	pa-teu-neo-sip
crisi (f)	위기	wi-gi
bancarotta (f)	파산	pa-san
fallire (vi)	파산하다	pa-san-ha-da
difficoltà (f)	어려움	eo-ryeo-um
problema (m)	문제	mun-je
disastro (m)	재난	jae-nan
economia (f)	경기, 경제	gyeong-gi, gyeong-je
economico (agg)	경제의	gyeong-je-ui
recessione (f) economica	경기침체	gyeong-gi-chim-che
scopo (m), obiettivo (m)	목표	mok-pyo
incarico (m)	임무	im-mu
commerciare (vi)	거래하다	geo-rae-ha-da
rete (f) (~ di distribuzione)	네트워크	ne-teu-wo-keu
giacenza (f)	재고	jae-go
assortimento (m)	세트	se-teu
leader (m), capo (m)	리더	ri-deo
grande (agg)	규모가 큰	gyu-mo-ga keun

monopolio (m)	독점	dok-jeom
teoria (f)	이론	i-ron
pratica (f)	실천	sil-cheon
esperienza (f)	경험	gyeong-heom
tendenza (f)	경향	gyeong-hyang
sviluppo (m)	개발	gae-bal

71. Operazioni d'affari. Parte 2

profitto (m)	수익, 이익	su-ik, i-ik
profittevole (agg)	수익성이 있는	su-ik-seong-i in-neun
delegazione (f)	대표단	dae-pyo-dan
stipendio (m)	급여, 월급	geu-byeo, wol-geup
correggere (vt)	고치다	go-chi-da
viaggio (m) d'affari	출장	chul-jang
commissione (f)	수수료	su-su-ryo
controllare (vt)	제어하다	je-eo-ha-da
conferenza (f)	회의	hoe-ui
licenza (f)	면허증	myeon-heo-jeung
affidabile (agg)	믿을 만한	mi-deul man-han
iniziativa (f) (progetto nuovo)	시작	si-jak
norma (f)	표준	pyo-jun
circostanza (f)	상황	sang-hwang
mansione (f)	의무	ui-mu
impresa (f)	조직	jo-jik
organizzazione (f)	준비	jun-bi
organizzato (agg)	조직된	jo-jik-doen
annullamento (m)	취소	chwi-so
annullare (vt)	취소하다	chwi-so-ha-da
rapporto (m) (~ ufficiale)	보고서	bo-go-seo
brevetto (m)	특허	teuk-eo
brevettare (vt)	특허를 받다	teuk-eo-reul bat-da
pianificare (vt)	계획하다	gye-hoek-a-da
premio (m)	보너스	bo-neo-seu
professionale (agg)	전문가의	jeon-mun-ga-ui
procedura (f)	절차	jeol-cha
esaminare (~ un contratto)	조사하다	jo-sa-ha-da
calcolo (m)	계산	gye-san
reputazione (f)	평판	pyeong-pan
rischio (m)	위험	wi-heom
dirigere (~ un'azienda)	운영하다	u-nyeong-ha-da
informazioni (f pl)	정보	jeong-bo
proprietà (f)	소유	so-yu
unione (f) (~ Italiana Vini, ecc.)	연합	yeon-hap
assicurazione (f) sulla vita	생명 보험	saeng-myeong bo-heom

assicurare (vt)	보험에 들다	bo-heom-e deul-da
assicurazione (f)	보험	bo-heom
asta (f)	경매	gyeong-mae
avvisare (informare)	통지하다	tong-ji-ha-da
gestione (f)	주관	ju-gwan
servizio (m)	서비스	seo-bi-seu
forum (m)	포럼	po-reom
funzionare (vi)	기능하다	gi-neung-ha-da
stadio (m) (fase)	단계	dan-gye
giuridico (agg)	법률상의	beom-nyul-sang-ui
esperto (m) legale	법률고문	beom-nyul-go-mun

72. Attività produttiva. Lavori

stabilimento (m)	공장	gong-jang
fabbrica (f)	공장	gong-jang
officina (f) di produzione	작업장	ja-geop-jang
stabilimento (m)	현장	hyeon-jang
industria (f)	산업, 공업	san-eop, gong-eop
industriale (agg)	산업의	san-eo-bui
industria (f) pesante	중공업	jung-gong-eop
industria (f) leggera	경공업	gyeong-gong-eop
prodotti (m pl)	제품	je-pum
produrre (vt)	제조하다	je-jo-ha-da
materia (f) prima	원재료	won-jae-ryo
caposquadra (m)	작업반장	ja-geop-ban-jang
squadra (f)	작업반	ja-geop-ban
operaio (m)	노동자	no-dong-ja
giorno (m) lavorativo	근무일	geun-mu-il
pausa (f)	휴식	hyu-sik
riunione (f)	회의	hoe-ui
discutere (~ di un problema)	의논하다	ui-non-ha-da
piano (m)	계획	gye-hoek
eseguire il piano	계획을 수행하다	gye-hoe-geul su-haeng-ha-da
tasso (m) di produzione	생산량	saeng-sal-lyang
qualità (f)	품질	pum-jil
controllo (m)	관리	gwal-li
controllo (m) di qualità	품질 관리	pum-jil gwal-li
sicurezza (f) sul lavoro	산업안전	sa-neo-ban-jeon
disciplina (f)	규율	gyu-yul
infrazione (f)	위반	wi-ban
violare (~ le regole)	위반하다	wi-ban-ha-da
sciopero (m)	파업	pa-eop
scioperante (m)	파업자	pa-eop-ja
fare sciopero	파업하다	pa-eo-pa-da

sindacato (m)	노동조합	no-dong-jo-hap
inventare (vt)	발명하다	bal-myeong-ha-da
invenzione (f)	발명	bal-myeong
ricerca (f)	연구	yeon-gu
migliorare (vt)	개선하다	gae-seon-ha-da
tecnologia (f)	기술	gi-sul
disegno (m) tecnico	건축 도면	geon-chuk do-myeon
carico (m)	화물	hwa-mul
caricatore (m)	하역부	ha-yeok-bu
caricare (~ un camion)	싣다	sit-da
caricamento (m)	적재	jeok-jae
scaricare (vt)	짐을 부리다	ji-meul bu-ri-da
scarico (m)	짐부리기	jim-bu-ri-gi
trasporto (m)	운송	un-song
società (f) di trasporti	운송 회사	un-song hoe-sa
trasportare (vt)	운송하다	un-song-ha-da
vagone (m) merci	화차	hwa-cha
cisterna (f)	탱크	taeng-keu
camion (m)	트럭	teu-reok
macchina (f) utensile	공작 기계	gong-jak gi-gye
meccanismo (m)	기계 장치	gi-gye jang-chi
rifiuti (m pl) industriali	산업폐기물	san-eop-pye-gi-mul
imballaggio (m)	포장	po-jang
imballare (vt)	포장하다	po-jang-ha-da

73. Contratto. Accordo

contratto (m)	계약	gye-yak
accordo (m)	약정	yak-jeong
allegato (m)	별첨	byeol-cheom
firmare un contratto	계약에 서명하다	gye-ya-ge seo-myeong-ha-da
firma (f)	서명	seo-myeong
firmare (vt)	서명하다	seo-myeong-ha-da
timbro (m) (su documenti)	도장	do-jang
oggetto (m) del contratto	계약 내용	gye-yak nae-yong
clausola (f)	항	hang
parti (f pl) (in un contratto)	양측	yang-cheuk
sede (f) legale	법인 주소	beo-bin ju-so
sciogliere un contratto	계약을 위반하다	gye-ya-geul rwi-ban-ha-da
obbligo (m)	의무	ui-mu
responsabilità (f)	책임	chae-gim
forza (f) maggiore	불가항력	bul-ga-hang-nyeok
discussione (f)	분쟁	bun-jaeng
sanzioni (f pl)	제재	je-jae

74. Import-export

importazione (f)	수입	su-ip
importatore (m)	수입업자	su-i-beop-ja
importare (vt)	수입하다	su-i-pa-da
d'importazione (agg)	수입의	su-i-bui
esportatore (m)	수출업자	su-chu-reop-ja
esportare (vt)	수출하다	su-chul-ha-da
merce (f)	상품	sang-pum
carico (m)	탁송물	tak-song-mul
peso (m)	무게	mu-ge
volume (m)	부피	bu-pi
metro (m) cubo	입방 미터	ip-bang mi-teo
produttore (m)	생산자	saeng-san-ja
società (f) di trasporti	운송 회사	un-song hoe-sa
container (m)	컨테이너	keon-te-i-neo
frontiera (f)	국경	guk-gyeong
dogana (f)	세관	se-gwan
dazio (m) doganale	관세	gwan-se
doganiere (m)	세관원	se-gwan-won
contrabbando (m)	밀수입	mil-su-ip
merci (f pl) contrabbandate	밀수품	mil-su-pum

75. Mezzi finanziari

azione (f)	주식	ju-sik
obbligazione (f)	채권	chae-gwon
cambiale (f)	어음	eo-eum
borsa (f)	증권거래소	jeung-gwon-geo-rae-so
quotazione (f)	주가	ju-ga
diminuire di prezzo	내리다	nae-ri-da
aumentare di prezzo	오르다	o-reu-da
pacchetto (m) di maggioranza	지배 지분	ji-bae ji-bun
investimento (m)	투자	tu-ja
investire (vt)	투자하다	tu-ja-ha-da
percento (m)	퍼센트	peo-sen-teu
interessi (m pl) (su investimenti)	이자	i-ja
profitto (m)	수익, 이익	su-ik, i-ik
redditizio (agg)	수익성이 있는	su-ik-seong-i in-neun
imposta (f)	세금	se-geum
valuta (f) (~ estera)	통화	tong-hwa
nazionale (agg)	국가의	guk-ga-ui

cambio (m) (~ valuta)	환전	hwan-jeon
contabile (m)	회계사	hoe-gye-sa
ufficio (m) contabilità	회계	hoe-gye
bancarotta (f)	파산	pa-san
fallimento (m)	붕괴	bung-goe
rovina (f)	파산	pa-san
andare in rovina	파산하다	pa-san-ha-da
inflazione (f)	인플레이션	in-peul-le-i-syeon
svalutazione (f)	평가절하	pyeong-ga-jeol-ha
capitale (m)	자본	ja-bon
reddito (m)	소득	so-deuk
giro (m) di affari	총매출액	chong-mae-chu-raek
risorse (f pl)	재원을	jae-wo-neul
mezzi (m pl) finanziari	재정 자원을	jae-jeong ja-wo-neul
ridurre (~ le spese)	줄이다	ju-ri-da

76. Marketing

marketing (m)	마케팅	ma-ke-ting
mercato (m)	시장	si-jang
segmento (m) di mercato	시장 분야	si-jang bu-nya
prodotto (m)	제품	je-pum
merce (f)	상품	sang-pum
marchio (m) di fabbrica	트레이드마크	teu-re-i-deu-ma-keu
logotipo (m)	로고	ro-go
logo (m)	로고	ro-go
domanda (f)	수요	su-yo
offerta (f)	공급	gong-geup
bisogno (m)	필요	pi-ryo
consumatore (m)	소비자	so-bi-ja
analisi (f)	분석	bun-seok
analizzare (vt)	분석하다	bun-seok-a-da
posizionamento (m)	포지셔닝	po-ji-syeo-ning
posizionare (vt)	포지셔닝하다	po-ji-syeo-ning-ha-da
prezzo (m)	가격	ga-gyeok
politica (f) dei prezzi	가격 정책	ga-gyeok jeong-chaek
determinazione (f) dei prezzi	가격 형성	ga-gyeok yeong-seong

77. Pubblicità

pubblicità (f)	광고	gwang-go
pubblicizzare (vt)	광고하다	gwang-go-ha-da
bilancio (m) (budget)	예산	ye-san
annuncio (m)	광고	gwang-go
pubblicità (f) televisiva	텔레비전 광고	tel-le-bi-jeon gwang-go

pubblicità (f) radiofonica	라디오 광고	ra-di-o gwang-go
pubblicità (f) esterna	옥외 광고	o-goe gwang-go

mass media (m pl)	매체	mae-che
periodico (m)	정기 간행물	jeong-gi gan-haeng-mul
immagine (f)	이미지	i-mi-ji

slogan (m)	슬로건	seul-lo-geon
motto (m)	표어	pyo-eo

campagna (f)	캠페인	kaem-pe-in
campagna (f) pubblicitaria	광고 캠페인	gwang-go kaem-pe-in
gruppo (m) di riferimento	공략 대상	gong-nyak dae-sang

biglietto (m) da visita	명함	myeong-ham
volantino (m)	전단	jeon-dan
opuscolo (m)	브로셔	beu-ro-syeo
pieghevole (m)	팜플렛	pam-peul-let
bollettino (m)	회보	hoe-bo

insegna (f) (di negozi, ecc.)	간판	gan-pan
cartellone (m)	포스터	po-seu-teo
tabellone (m) pubblicitario	광고판	gwang-go-pan

78. Attività bancaria

banca (f)	은행	eun-haeng
filiale (f)	지점	ji-jeom

consulente (m)	행원	haeng-won
direttore (m)	지배인	ji-bae-in

conto (m) bancario	은행계좌	eun-haeng-gye-jwa
numero (m) del conto	계좌 번호	gye-jwa beon-ho
conto (m) corrente	당좌	dang-jwa
conto (m) di risparmio	보통 예금	bo-tong ye-geum

aprire un conto	계좌를 열다	gye-jwa-reul ryeol-da
chiudere il conto	계좌를 해지하다	gye-jwa-reul hae-ji-ha-da
versare sul conto	계좌에 입금하다	ip-geum-ha-da
prelevare dal conto	출금하다	chul-geum-ha-da

deposito (m)	저금	jeo-geum
depositare (vt)	입금하다	ip-geum-ha-da
trasferimento (m) telegrafico	송금	song-geum
rimettere i soldi	송금하다	song-geum-ha-da

somma (f)	액수	aek-su
Quanto?	얼마?	eol-ma?

firma (f)	서명	seo-myeong
firmare (vt)	서명하다	seo-myeong-ha-da
carta (f) di credito	신용 카드	si-nyong ka-deu
codice (m)	비밀번호	bi-mil-beon-ho

numero (m) della carta di credito	신용 카드 번호	si-nyong ka-deu beon-ho
bancomat (m)	현금 자동 지급기	hyeon-geum ja-dong ji-geup-gi
assegno (m)	수표	su-pyo
emettere un assegno	수표를 끊다	su-pyo-reul kkeun-ta
libretto (m) di assegni	수표책	su-pyo-chaek
prestito (m)	대출	dae-chul
fare domanda per un prestito	대출 신청하다	dae-chul sin-cheong-ha-da
ottenere un prestito	대출을 받다	dae-chu-reul bat-da
concedere un prestito	대출하다	dae-chul-ha-da
garanzia (f)	담보	dam-bo

79. Telefono. Conversazione telefonica

telefono (m)	전화	jeon-hwa
telefonino (m)	휴대폰	hyu-dae-pon
segreteria (f) telefonica	자동 응답기	ja-dong eung-dap-gi
telefonare (vi, vt)	전화하다	jeon-hwa-ha-da
chiamata (f)	통화	tong-hwa
comporre un numero	번호로 걸다	beon-ho-ro geol-da
Pronto!	여보세요!	yeo-bo-se-yo!
chiedere (domandare)	묻다	mut-da
rispondere (vi, vt)	전화를 받다	jeon-hwa-reul bat-da
udire (vt)	듣다	deut-da
bene	잘	jal
male	좋지 않은	jo-chi a-neun
disturbi (m pl)	잡음	ja-beum
cornetta (f)	수화기	su-hwa-gi
alzare la cornetta	전화를 받다	jeon-hwa-reul bat-da
riattaccare la cornetta	전화를 끊다	jeon-hwa-reul kkeun-ta
occupato (agg)	통화 중인	tong-hwa jung-in
squillare (del telefono)	울리다	ul-li-da
elenco (m) telefonico	전화 번호부	jeon-hwa beon-ho-bu
locale (agg)	시내의	si-nae-ui
interurbano (agg)	장거리의	jang-geo-ri-ui
internazionale (agg)	국제적인	guk-je-jeo-gin

80. Telefono cellulare

telefonino (m)	휴대폰	hyu-dae-pon
schermo (m)	화면	hwa-myeon
tasto (m)	버튼	beo-teun
scheda SIM (f)	SIM 카드	SIM ka-deu

pila (f)	건전지	geon-jeon-ji
essere scarico	나가다	na-ga-da
caricabatteria (m)	충전기	chung-jeon-gi
menù (m)	메뉴	me-nyu
impostazioni (f pl)	설정	seol-jeong
melodia (f)	벨소리	bel-so-ri
scegliere (vt)	선택하다	seon-taek-a-da
calcolatrice (f)	계산기	gye-san-gi
segreteria (f) telefonica	자동 응답기	ja-dong eung-dap-gi
sveglia (f)	알람 시계	al-lam si-gye
contatti (m pl)	연락처	yeol-lak-cheo
messaggio (m) SMS	문자 메시지	mun-ja me-si-ji
abbonato (m)	가입자	ga-ip-ja

81. Articoli di cancelleria

penna (f) a sfera	볼펜	bol-pen
penna (f) stilografica	만년필	man-nyeon-pil
matita (f)	연필	yeon-pil
evidenziatore (m)	형광펜	hyeong-gwang-pen
pennarello (m)	사인펜	sa-in-pen
taccuino (m)	공책	gong-chaek
agenda (f)	수첩	su-cheop
righello (m)	자	ja
calcolatrice (f)	계산기	gye-san-gi
gomma (f) per cancellare	지우개	ji-u-gae
puntina (f)	압정	ap-jeong
graffetta (f)	클립	keul-lip
colla (f)	접착제	jeop-chak-je
pinzatrice (f)	호치키스	ho-chi-ki-seu
perforatrice (f)	펀치	peon-chi
temperamatite (m)	연필깎이	yeon-pil-kka-kki

82. Generi di attività commerciali

servizi (m pl) di contabilità	회계 서비스	hoe-gye seo-bi-seu
pubblicità (f)	광고	gwang-go
agenzia (f) pubblicitaria	광고 회사	gwang-go hoe-sa
condizionatori (m pl) d'aria	에어컨	e-eo-keon
compagnia (f) aerea	항공사	hang-gong-sa
bevande (f pl) alcoliche	주류	ju-ryu
antiquariato (m)	골동품	gol-dong-pum
galleria (f) d'arte	미술관	mi-sul-gwan
società (f) di revisione contabile	회계 감사	hoe-gye gam-sa

imprese (f pl) bancarie	금융업계	geu-myung-eop-gye
bar (m)	바	ba
salone (m) di bellezza	미장원	mi-jang-won
libreria (f)	서점	seo-jeom
birreria (f)	맥주 양조장	maek-ju yang-jo-jang
business centre (m)	비즈니스 센터	bi-jeu-ni-seu sen-teo
scuola (f) di commercio	비즈니스 스쿨	bi-jeu-ni-seu seu-kul
casinò (m)	카지노	ka-ji-no
edilizia (f)	건설	geon-seol
consulenza (f)	컨설팅	keon-seol-ting
odontoiatria (f)	치과 병원	chi-gwa byeong-won
design (m)	디자인	di-ja-in
farmacia (f)	약국	yak-guk
lavanderia (f) a secco	드라이 클리닝	deu-ra-i keul-li-ning
agenzia (f) di collocamento	직업 소개소	ji-geop so-gae-so
servizi (m pl) finanziari	재무 서비스	jae-mu seo-bi-seu
industria (f) alimentare	식품	sik-pum
agenzia (f) di pompe funebri	장례식장	jang-nye-sik-jang
mobili (m pl)	가구	ga-gu
abbigliamento (m)	옷	ot
albergo, hotel (m)	호텔	ho-tel
gelato (m)	아이스크림	a-i-seu-keu-rim
industria (f)	산업, 공업	san-eop, gong-eop
assicurazione (f)	보험	bo-heom
internet (f)	인터넷	in-teo-net
investimenti (m pl)	투자	tu-ja
gioielliere (m)	보석 상인	bo-seok sang-in
gioielli (m pl)	보석	bo-seok
lavanderia (f)	세탁소	se-tak-so
consulente (m) legale	법률컨설팅	beom-nyul-keon-seol-ting
industria (f) leggera	경공업	gyeong-gong-eop
rivista (f)	잡지	jap-ji
medicina (f)	의학	ui-hak
cinema (m)	영화관	yeong-hwa-gwan
museo (m)	박물관	bang-mul-gwan
agenzia (f) di stampa	통신사	tong-sin-sa
giornale (m)	신문	sin-mun
locale notturno (m)	나이트 클럽	na-i-teu keul-leop
petrolio (m)	석유	seo-gyu
corriere (m) espresso	문서 송달 회사	mun-seo song-dal hoe-sa
farmaci (m pl)	의약	ui-yak
stampa (f) (~ di libri)	인쇄산업	in-swae-san-eop
casa (f) editrice	출판사	chul-pan-sa
radio (f)	라디오	ra-di-o
beni (m pl) immobili	부동산	bu-dong-san
ristorante (m)	레스토랑	re-seu-to-rang
agenzia (f) di sicurezza	보안 회사	bo-an hoe-sa

sport (m)	스포츠	seu-po-cheu
borsa (f)	증권거래소	jeung-gwon-geo-rae-so
negozio (m)	가게, 상점	ga-ge, sang-jeom
supermercato (m)	슈퍼마켓	syu-peo-ma-ket
piscina (f)	수영장	su-yeong-jang
sartoria (f)	양복점	yang-bok-jeom
televisione (f)	텔레비전	tel-le-bi-jeon
teatro (m)	극장	geuk-jang
commercio (m)	거래	geo-rae
mezzi (m pl) di trasporto	운송	un-song
viaggio (m)	관광산업	gwan-gwang-sa-neop
veterinario (m)	수의사	su-ui-sa
deposito, magazzino (m)	창고	chang-go
trattamento (m) dei rifiuti	쓰레기 수거	sseu-re-gi su-geo

Lavoro. Affari. Parte 2

83. Spettacolo. Mostra

fiera (f)	전시회	jeon-si-hoe
fiera (f) campionaria	상품 전시회	sang-pum jeon-si-hoe
partecipazione (f)	참가	cham-ga
partecipare (vi)	참가하다	cham-ga-ha-da
partecipante (m)	참가자	cham-ga-ja
direttore (m)	대표이사	dae-pyo-i-sa
ufficio (m) organizzativo	조직위원회	jo-ji-gwi-won-hoe
organizzatore (m)	조직위원회	jo-ji-gwi-won-hoe
organizzare (vt)	조직하다	jo-jik-a-da
domanda (f) di partecipazione	참가 신청서	cham-ga sin-cheong-seo
riempire (vt)	작성하다	jak-seong-ha-da
dettagli (m pl)	상세	sang-se
informazione (f)	정보	jeong-bo
prezzo (m)	가격	ga-gyeok
incluso (agg)	포함하여	po-ham-ha-yeo
includere (vt)	포함하다	po-ham-ha-da
pagare (vi, vt)	지불하다	ji-bul-ha-da
quota (f) d'iscrizione	등록비	deung-nok-bi
entrata (f)	입구	ip-gu
padiglione (m)	전시실	jeon-si-sil
registrare (vt)	등록하다	deung-nok-a-da
tesserino (m)	명찰	myeong-chal
stand (m)	부스	bu-seu
prenotare (riservare)	예약하다	ye-yak-a-da
vetrina (f)	진열장	ji-nyeol-jang
faretto (m)	스포트라이트	seu-po-teu-ra-i-teu
design (m)	디자인	di-ja-in
collocare (vt)	배치하다	bae-chi-ha-da
distributore (m)	배급업자	bae-geu-beop-ja
fornitore (m)	공급자	gong-geup-ja
paese (m)	나라	na-ra
straniero (agg)	외국의	oe-gu-gui
prodotto (m)	제품	je-pum
associazione (f)	협회	hyeo-poe
sala (f) conferenze	회의장	hoe-ui-jang
congresso (m)	회의	hoe-ui

concorso (m)	컨테스트	keon-te-seu-teu
visitatore (m)	방문객	bang-mun-gaek
visitare (vt)	방문하다	bang-mun-ha-da
cliente (m)	고객	go-gaek

84. Scienza. Ricerca. Scienziati

scienza (f)	과학	gwa-hak
scientifico (agg)	과학의	gwa-ha-gui
scienziato (m)	과학자	gwa-hak-ja
teoria (f)	이론	i-ron
assioma (m)	공리	gong-ni
analisi (f)	분석	bun-seok
analizzare (vt)	분석하다	bun-seok-a-da
argomento (m)	주장	ju-jang
sostanza, materia (f)	물질	mul-jil
ipotesi (f)	가설	ga-seol
dilemma (m)	딜레마	dil-le-ma
tesi (f)	학위 논문	ha-gwi non-mun
dogma (m)	도그마	do-geu-ma
dottrina (f)	학설	hak-seol
ricerca (f)	연구	yeon-gu
fare ricerche	연구하다	yeon-gu-ha-da
prova (f)	실험	sil-heom
laboratorio (m)	연구실	yeon-gu-sil
metodo (m)	방법	bang-beop
molecola (f)	분자	bun-ja
monitoraggio (m)	감시	gam-si
scoperta (f)	발견	bal-gyeon
postulato (m)	공준	gong-jun
principio (m)	원칙	won-chik
previsione (f)	예상	ye-sang
fare previsioni	예상하다	ye-sang-ha-da
sintesi (f)	종합	jong-hap
tendenza (f)	경향	gyeong-hyang
teorema (m)	정리	jeong-ni
insegnamento (m)	가르침	ga-reu-chim
fatto (m)	사실	sa-sil
spedizione (f)	탐험	tam-heom
esperimento (m)	실험	sil-heom
accademico (m)	아카데미 회원	a-ka-de-mi hoe-won
laureato (m)	학사	hak-sa
dottore (m)	박사	bak-sa
professore (m) associato	부교수	bu-gyo-su
Master (m)	석사	seok-sa
professore (m)	교수	gyo-su

Professioni e occupazioni

85. Ricerca di un lavoro. Licenziamento

lavoro (m)	직업	ji-geop
personale (m)	직원	ji-gwon
carriera (f)	경력	gyeong-nyeok
prospettiva (f)	전망	jeon-mang
abilità (f pl)	숙달	suk-dal
selezione (f) (~ del personale)	선발	seon-bal
agenzia (f) di collocamento	직업 소개소	ji-geop so-gae-so
curriculum vitae (f)	이력서	i-ryeok-seo
colloquio (m)	면접	myeon-jeop
posto (m) vacante	결원	gyeo-rwon
salario (m)	급여, 월급	geu-byeo, wol-geup
stipendio (m) fisso	고정급	go-jeong-geup
compenso (m)	급료	geum-nyo
carica (f), funzione (f)	직위	ji-gwi
mansione (f)	의무	ui-mu
mansioni (f pl) di lavoro	업무범위	eom-mu-beom-wi
occupato (agg)	바쁜	ba-ppeun
licenziare (vt)	해고하다	hae-go-ha-da
licenziamento (m)	해고	hae-go
disoccupazione (f)	실업	si-reop
disoccupato (m)	실업자	si-reop-ja
pensionamento (m)	은퇴	eun-toe
andare in pensione	은퇴하다	eun-toe-ha-da

86. Gente d'affari

direttore (m)	사장	sa-jang
dirigente (m)	지배인	ji-bae-in
capo (m)	상사	sang-sa
superiore (m)	상사	sang-sa
capi (m pl)	상사	sang-sa
presidente (m)	회장	hoe-jang
presidente (m) (impresa)	의장	ui-jang
vice (m)	부 …	bu …
assistente (m)	조수	jo-su
segretario (m)	비서	bi-seo

T&P Books. Vocabolario Italiano-Coreano per studio autodidattico - 5000 parole

assistente (m) personale	개인 비서	gae-in bi-seo
uomo (m) d'affari	사업가	sa-eop-ga
imprenditore (m)	사업가	sa-eop-ga
fondatore (m)	설립자	seol-lip-ja
fondare (vt)	설립하다	seol-li-pa-da
socio (m)	설립자	seol-lip-ja
partner (m)	파트너	pa-teu-neo
azionista (m)	주주	ju-ju
milionario (m)	백만장자	baeng-man-jang-ja
miliardario (m)	억만장자	eong-man-jang-ja
proprietario (m)	소유자	so-yu-ja
latifondista (m)	토지 소유자	to-ji so-yu-ja
cliente (m) (di professionista)	고객	go-gaek
cliente (m) abituale	단골	dan-gol
compratore (m)	구매자	gu-mae-ja
visitatore (m)	방문객	bang-mun-gaek
professionista (m)	전문가	jeon-mun-ga
esperto (m)	전문가	jeon-mun-ga
specialista (m)	전문가	jeon-mun-ga
banchiere (m)	은행가	eun-haeng-ga
broker (m)	브로커	beu-ro-keo
cassiere (m)	계산원	gye-san-won
contabile (m)	회계사	hoe-gye-sa
guardia (f) giurata	보안요원	bo-a-nyo-won
investitore (m)	투자가	tu-ja-ga
debitore (m)	채무자	chae-mu-ja
creditore (m)	빚쟁이	bit-jaeng-i
mutuatario (m)	차용인	cha-yong-in
importatore (m)	수입업자	su-i-beop-ja
esportatore (m)	수출업자	su-chu-reop-ja
produttore (m)	생산자	saeng-san-ja
distributore (m)	배급업자	bae-geu-beop-ja
intermediario (m)	중간상인	jung-gan-sang-in
consulente (m)	컨설턴트	keon-seol-teon-teu
rappresentante (m)	판매 대리인	pan-mae dae-ri-in
agente (m)	중개인	jung-gae-in
assicuratore (m)	보험설계사	bo-heom-seol-gye-sa

87. Professioni amministrative

cuoco (m)	요리사	yo-ri-sa
capocuoco (m)	주방장	ju-bang-jang
fornaio (m)	제빵사	je-ppang-sa
barista (m)	바텐더	ba-ten-deo

cameriere (m)	웨이터	we-i-teo
cameriera (f)	웨이트리스	we-i-teu-ri-seu
avvocato (m)	변호사	byeon-ho-sa
esperto (m) legale	법률고문	beom-nyul-go-mun
notaio (m)	공증인	gong-jeung-in
elettricista (m)	전기 기사	jeon-gi gi-sa
idraulico (m)	배관공	bae-gwan-gong
falegname (m)	목수	mok-su
massaggiatore (m)	안마사	an-ma-sa
massaggiatrice (f)	안마사	an-ma-sa
medico (m)	의사	ui-sa
taxista (m)	택시 운전 기사	taek-si un-jeon gi-sa
autista (m)	운전 기사	un-jeon gi-sa
fattorino (m)	배달원	bae-da-rwon
cameriera (f)	객실 청소부	gaek-sil cheong-so-bu
guardia (f) giurata	보안요원	bo-a-nyo-won
hostess (f)	승무원	seung-mu-won
insegnante (m, f)	선생님	seon-saeng-nim
bibliotecario (m)	사서	sa-seo
traduttore (m)	번역가	beo-nyeok-ga
interprete (m)	통역가	tong-yeok-ga
guida (f)	가이드	ga-i-deu
parrucchiere (m)	미용사	mi-yong-sa
postino (m)	우체부	u-che-bu
commesso (m)	점원	jeom-won
giardiniere (m)	정원사	jeong-won-sa
domestico (m)	하인	ha-in
domestica (f)	하녀	ha-nyeo
donna (f) delle pulizie	청소부	cheong-so-bu

88. Professioni militari e gradi

soldato (m) semplice	일병	il-byeong
sergente (m)	병장	byeong-jang
tenente (m)	중위	jung-wi
capitano (m)	대위	dae-wi
maggiore (m)	소령	so-ryeong
colonnello (m)	대령	dae-ryeong
generale (m)	장군	jang-gun
maresciallo (m)	원수	won-su
ammiraglio (m)	제독	je-dok
militare (m)	군인	gun-in
soldato (m)	군인	gun-in
ufficiale (m)	장교	jang-gyo

comandante (m)	사령관	sa-ryeong-gwan
guardia (f) di frontiera	국경 수비대원	guk-gyeong su-bi-dae-won
marconista (m)	무선 기사	mu-seon gi-sa
esploratore (m)	정찰병	jeong-chal-byeong
geniere (m)	공병대원	gong-byeong-dae-won
tiratore (m)	사수	sa-su
navigatore (m)	항법사	hang-beop-sa

89. Funzionari. Sacerdoti

re (m)	왕	wang
regina (f)	여왕	yeo-wang
principe (m)	왕자	wang-ja
principessa (f)	공주	gong-ju
zar (m)	차르	cha-reu
zarina (f)	여황제	yeo-hwang-je
presidente (m)	대통령	dae-tong-nyeong
ministro (m)	장관	jang-gwan
primo ministro (m)	총리	chong-ni
senatore (m)	상원의원	sang-won-ui-won
diplomatico (m)	외교관	oe-gyo-gwan
console (m)	영사	yeong-sa
ambasciatore (m)	대사	dae-sa
consigliere (m)	고문관	go-mun-gwan
funzionario (m)	공무원	gong-mu-won
prefetto (m)	도지사, 현감	do-ji-sa, hyeon-gam
sindaco (m)	시장	si-jang
giudice (m)	판사	pan-sa
procuratore (m)	검사	geom-sa
missionario (m)	선교사	seon-gyo-sa
monaco (m)	수도사	su-do-sa
abate (m)	수도원장	su-do-won-jang
rabbino (m)	랍비	rap-bi
visir (m)	고관	go-gwan
scià (m)	샤	sya
sceicco (m)	셰이크	sye-i-keu

90. Professioni agricole

apicoltore (m)	양봉가	yang-bong-ga
pastore (m)	목동	mok-dong
agronomo (m)	농학자	nong-hak-ja
allevatore (m) di bestiame	목축업자	mok-chu-geop-ja
veterinario (m)	수의사	su-ui-sa

fattore (m)	농부	nong-bu
vinificatore (m)	포도주 제조자	po-do-ju je-jo-ja
zoologo (m)	동물학자	dong-mul-hak-ja
cowboy (m)	카우보이	ka-u-bo-i

91. Professioni artistiche

attore (m)	배우	bae-u
attrice (f)	여배우	yeo-bae-u
cantante (m)	가수	ga-su
cantante (f)	여가수	yeo-ga-su
danzatore (m)	무용가	mu-yong-ga
ballerina (f)	여성 무용가	yeo-seong mu-yong-ga
artista (m)	공연자	gong-yeon-ja
artista (f)	여성 공연자	yeo-seong gong-yeon-ja
musicista (m)	음악가	eum-ak-ga
pianista (m)	피아니스트	pi-a-ni-seu-teu
chitarrista (m)	기타 연주자	gi-ta yeon-ju-ja
direttore (m) d'orchestra	지휘자	ji-hwi-ja
compositore (m)	작곡가	jak-gok-ga
impresario (m)	기획자	gi-hoek-ja
regista (m)	영화감독	yeong-hwa-gam-dok
produttore (m)	제작자	je-jak-ja
sceneggiatore (m)	시나리오 작가	si-na-ri-o jak-ga
critico (m)	미술 비평가	mi-sul bi-pyeong-ga
scrittore (m)	작가	jak-ga
poeta (m)	시인	si-in
scultore (m)	조각가	jo-gak-ga
pittore (m)	화가	hwa-ga
giocoliere (m)	저글러	jeo-geul-leo
pagliaccio (m)	어릿광대	eo-rit-gwang-dae
acrobata (m)	곡예사	go-gye-sa
prestigiatore (m)	마술사	ma-sul-sa

92. Professioni varie

medico (m)	의사	ui-sa
infermiera (f)	간호사	gan-ho-sa
psichiatra (m)	정신과 의사	jeong-sin-gwa ui-sa
dentista (m)	치과 의사	chi-gwa ui-sa
chirurgo (m)	외과 의사	oe-gwa ui-sa
astronauta (m)	우주비행사	u-ju-bi-haeng-sa
astronomo (m)	천문학자	cheon-mun-hak-ja

autista (m)	운전 기사	un-jeon gi-sa
macchinista (m)	기관사	gi-gwan-sa
meccanico (m)	정비공	jeong-bi-gong
minatore (m)	광부	gwang-bu
operaio (m)	노동자	no-dong-ja
operaio (m) metallurgico	자물쇠공	ja-mul-soe-gong
falegname (m)	목수	mok-su
tornitore (m)	선반공	seon-ban-gong
operaio (m) edile	공사장 인부	gong-sa-jang in-bu
saldatore (m)	용접공	yong-jeop-gong
professore (m)	교수	gyo-su
architetto (m)	건축가	geon-chuk-ga
storico (m)	역사학자	yeok-sa-hak-ja
scienziato (m)	과학자	gwa-hak-ja
fisico (m)	물리학자	mul-li-hak-ja
chimico (m)	화학자	hwa-hak-ja
archeologo (m)	고고학자	go-go-hak-ja
geologo (m)	지질학자	ji-jil-hak-ja
ricercatore (m)	연구원	yeon-gu-won
baby-sitter (m, f)	애기보는 사람	ae-gi-bo-neun sa-ram
insegnante (m, f)	교사	gyo-sa
redattore (m)	편집자	pyeon-jip-ja
redattore capo (m)	편집장	pyeon-jip-jang
corrispondente (m)	통신원	tong-sin-won
dattilografa (f)	타이피스트	ta-i-pi-seu-teu
designer (m)	디자이너	di-ja-i-neo
esperto (m) informatico	컴퓨터 전문가	keom-pyu-teo jeon-mun-ga
programmatore (m)	프로그래머	peu-ro-geu-rae-meo
ingegnere (m)	엔지니어	en-ji-ni-eo
marittimo (m)	선원	seon-won
marinaio (m)	수부	su-bu
soccorritore (m)	구조자	gu-jo-ja
pompiere (m)	소방관	so-bang-gwan
poliziotto (m)	경찰관	gyeong-chal-gwan
guardiano (m)	경비원	gyeong-bi-won
detective (m)	형사	hyeong-sa
doganiere (m)	세관원	se-gwan-won
guardia (f) del corpo	경호원	gyeong-ho-won
guardia (f) carceraria	간수	gan-su
ispettore (m)	감독관	gam-dok-gwan
sportivo (m)	스포츠맨	seu-po-cheu-maen
allenatore (m)	코치	ko-chi
macellaio (m)	정육점 주인	jeong-yuk-jeom ju-in
calzolaio (m)	구둣방	gu-dut-bang
uomo (m) d'affari	상인	sang-in
caricatore (m)	하역부	ha-yeok-bu

stilista (m)	패션 디자이너	pae-syeon di-ja-i-neo
modella (f)	모델	mo-del

93. Attività lavorative. Condizione sociale

scolaro (m)	남학생	nam-hak-saeng
studente (m)	대학생	dae-hak-saeng
filosofo (m)	철학자	cheol-hak-ja
economista (m)	경제 학자	gyeong-je hak-ja
inventore (m)	발명가	bal-myeong-ga
disoccupato (m)	실업자	si-reop-ja
pensionato (m)	은퇴자	eun-toe-ja
spia (f)	비밀요원	bi-mi-ryo-won
detenuto (m)	죄수	joe-su
scioperante (m)	파업자	pa-eop-ja
burocrate (m)	관료	gwal-lyo
viaggiatore (m)	여행자	yeo-haeng-ja
omosessuale (m)	동성애자	dong-seong-ae-ja
hacker (m)	해커	hae-keo
bandito (m)	산적	san-jeok
sicario (m)	살인 청부업자	sa-rin cheong-bu-eop-ja
drogato (m)	마약 중독자	ma-yak jung-dok-ja
trafficante (m) di droga	마약 밀매자	ma-yak mil-mae-ja
prostituta (f)	매춘부	mae-chun-bu
magnaccia (m)	포주	po-ju
stregone (m)	마법사	ma-beop-sa
strega (f)	여자 마법사	yeo-ja ma-beop-sa
pirata (m)	해적	hae-jeok
schiavo (m)	노예	no-ye
samurai (m)	사무라이	sa-mu-ra-i
selvaggio (m)	야만인	ya-man-in

Istruzione

94. Scuola

scuola (f)	학교	hak-gyo
direttore (m) di scuola	교장	gyo-jang
allievo (m)	남학생	nam-hak-saeng
allieva (f)	여학생	yeo-hak-saeng
scolaro (m)	남학생	nam-hak-saeng
scolara (f)	여학생	yeo-hak-saeng
insegnare (qn)	가르치다	ga-reu-chi-da
imparare (una lingua)	배우다	bae-u-da
imparare a memoria	암기하다	am-gi-ha-da
studiare (vi)	배우다	bae-u-da
frequentare la scuola	재학 중이다	jae-hak jung-i-da
andare a scuola	학교에 가다	hak-gyo-e ga-da
alfabeto (m)	알파벳	al-pa-bet
materia (f)	과목	gwa-mok
classe (f)	교실	gyo-sil
lezione (f)	수업	su-eop
ricreazione (f)	쉬는 시간	swi-neun si-gan
campanella (f)	수업종	su-eop-jong
banco (m)	학교 책상	hak-gyo chaek-sang
lavagna (f)	칠판	chil-pan
voto (m)	성적	seong-jeok
voto (m) alto	좋은 성적	jo-eun seong-jeok
voto (m) basso	나쁜 성적	na-ppeun seong-jeok
dare un voto	성적을 매기다	seong-jeo-geul mae-gi-da
errore (m)	실수	sil-su
fare errori	실수하다	sil-su-ha-da
correggere (vt)	고치다	go-chi-da
bigliettino (m)	커닝 페이퍼	keo-ning pe-i-peo
compiti (m pl)	숙제	suk-je
esercizio (m)	연습 문제	yeon-seup mun-je
essere presente	출석하다	chul-seok-a-da
essere assente	결석하다	gyeol-seok-a-da
punire (vt)	처벌하다	cheo-beol-ha-da
punizione (f)	벌	beol
comportamento (m)	처신	cheo-sin
pagella (f)	성적표	seong-jeok-pyo

matita (f)	연필	yeon-pil
gomma (f) per cancellare	지우개	ji-u-gae
gesso (m)	분필	bun-pil
astuccio (m) portamatite	필통	pil-tong
cartella (f)	책가방	chaek-ga-bang
penna (f)	펜	pen
quaderno (m)	노트	no-teu
manuale (m)	교과서	gyo-gwa-seo
compasso (m)	컴퍼스	keom-peo-seu
disegnare (tracciare)	제도하다	je-do-ha-da
disegno (m) tecnico	건축 도면	geon-chuk do-myeon
poesia (f)	시	si
a memoria	외워서	oe-wo-seo
imparare a memoria	암기하다	am-gi-ha-da
vacanze (f pl) scolastiche	학교 방학	bang-hak
essere in vacanza	방학 중이다	bang-hak jung-i-da
prova (f) scritta	필기 시험	pil-gi si-heom
composizione (f)	논술	non-sul
dettato (m)	받아쓰기 시험	ba-da-sseu-gi si-heom
esame (m)	시험	si-heom
sostenere un esame	시험을 보다	si-heo-meul bo-da
esperimento (m)	실험	sil-heom

95. Istituto superiore. Università

accademia (f)	아카데미	a-ka-de-mi
università (f)	대학교	dae-hak-gyo
facoltà (f)	교수진	gyo-su-jin
studente (m)	대학생	dae-hak-saeng
studentessa (f)	여대생	yeo-dae-saeng
docente (m, f)	강사	gang-sa
aula (f)	교실	gyo-sil
diplomato (m)	졸업생	jo-reop-saeng
diploma (m)	졸업증	jo-reop-jeung
tesi (f)	학위 논문	ha-gwi non-mun
ricerca (f)	연구	yeon-gu
laboratorio (m)	연구실	yeon-gu-sil
lezione (f)	강의	gang-ui
compagno (m) di corso	대학 동급생	dae-hak dong-geup-saeng
borsa (f) di studio	장학금	jang-hak-geum
titolo (m) accademico	학위	ha-gwi

96. Scienze. Discipline

matematica (f)	수학	su-hak
algebra (f)	대수학	dae-su-hak
geometria (f)	기하학	gi-ha-hak
astronomia (f)	천문학	cheon-mun-hak
biologia (f)	생물학	saeng-mul-hak
geografia (f)	지리학	ji-ri-hak
geologia (f)	지질학	ji-jil-hak
storia (f)	역사학	yeok-sa-hak
medicina (f)	의학	ui-hak
pedagogia (f)	교육학	gyo-yuk-ak
diritto (m)	법학	beo-pak
fisica (f)	물리학	mul-li-hak
chimica (f)	화학	hwa-hak
filosofia (f)	철학	cheol-hak
psicologia (f)	심리학	sim-ni-hak

97. Sistema di scrittura. Ortografia

grammatica (f)	문법	mun-beop
lessico (m)	어휘	eo-hwi
fonetica (f)	음성학	eum-seong-hak
sostantivo (m)	명사	myeong-sa
aggettivo (m)	형용사	hyeong-yong-sa
verbo (m)	동사	dong-sa
avverbio (m)	부사	bu-sa
pronome (m)	대명사	dae-myeong-sa
interiezione (f)	감탄사	gam-tan-sa
preposizione (f)	전치사	jeon-chi-sa
radice (f)	어근	eo-geun
desinenza (f)	어미	eo-mi
prefisso (m)	접두사	jeop-du-sa
sillaba (f)	음절	eum-jeol
suffisso (m)	접미사	jeom-mi-sa
accento (m)	강세	gang-se
apostrofo (m)	아포스트로피	a-po-seu-teu-ro-pi
punto (m)	마침표	ma-chim-pyo
virgola (f)	쉼표	swim-pyo
punto (m) e virgola	세미콜론	se-mi-kol-lon
due punti	콜론	kol-lon
puntini di sospensione	말줄임표	mal-ju-rim-pyo
punto (m) interrogativo	물음표	mu-reum-pyo
punto (m) esclamativo	느낌표	neu-kkim-pyo

virgolette (f pl)	따옴표	tta-om-pyo
tra virgolette	따옴표 안에	tta-om-pyo a-ne
parentesi (f pl)	괄호	gwal-ho
tra parentesi	괄호 속에	gwal-ho so-ge
trattino (m)	하이픈	ha-i-peun
lineetta (f)	대시	jul-pyo
spazio (m) (tra due parole)	공백 문자	gong-baek mun-ja
lettera (f)	글자	geul-ja
lettera (f) maiuscola	대문자	dae-mun-ja
vocale (f)	모음	mo-eum
consonante (f)	자음	ja-eum
proposizione (f)	문장	mun-jang
soggetto (m)	주어	ju-eo
predicato (m)	서술어	seo-su-reo
riga (f)	줄	jul
a capo	줄을 바꾸어	ju-reul ba-kku-eo
capoverso (m)	단락	dal-lak
parola (f)	단어	dan-eo
gruppo (m) di parole	문구	mun-gu
espressione (f)	표현	pyo-hyeon
sinonimo (m)	동의어	dong-ui-eo
antonimo (m)	반의어	ban-ui-eo
regola (f)	규칙	gyu-chik
eccezione (f)	예외	ye-oe
giusto (corretto)	맞는	man-neun
coniugazione (f)	활용	hwa-ryong
declinazione (f)	어형 변화	eo-hyeong byeon-hwa
caso (m) nominativo	격	gyeok
domanda (f)	질문	jil-mun
sottolineare (vt)	밑줄을 긋다	mit-ju-reul geut-da
linea (f) tratteggiata	점선	jeom-seon

98. Lingue straniere

lingua (f)	언어	eon-eo
lingua (f) straniera	외국어	oe-gu-geo
studiare (vt)	공부하다	gong-bu-ha-da
imparare (una lingua)	배우다	bae-u-da
leggere (vi, vt)	읽다	ik-da
parlare (vi, vt)	말하다	mal-ha-da
capire (vt)	이해하다	i-hae-ha-da
scrivere (vi, vt)	쓰다	sseu-da
rapidamente	빨리	ppal-li
lentamente	천천히	cheon-cheon-hi

correntemente	유창하게	yu-chang-ha-ge
regole (f pl)	규칙	gyu-chik
grammatica (f)	문법	mun-beop
lessico (m)	어휘	eo-hwi
fonetica (f)	음성학	eum-seong-hak
manuale (m)	교과서	gyo-gwa-seo
dizionario (m)	사전	sa-jeon
manuale (m) autodidattico	자습서	ja-seup-seo
frasario (m)	회화집	hoe-hwa-jip
cassetta (f)	테이프	te-i-peu
videocassetta (f)	비디오테이프	bi-di-o-te-i-peu
CD (m)	씨디	ssi-di
DVD (m)	디비디	di-bi-di
alfabeto (m)	알파벳	al-pa-bet
compitare (vt)	… 의 철자이다	… ui cheol-ja-i-da
pronuncia (f)	발음	ba-reum
accento (m)	악센트	ak-sen-teu
con un accento	사투리로	sa-tu-ri-ro
senza accento	억양 없이	eo-gyang eop-si
vocabolo (m)	단어	dan-eo
significato (m)	의미	ui-mi
corso (m) (~ di francese)	강좌	gang-jwa
iscriversi (vr)	등록하다	deung-nok-a-da
insegnante (m, f)	강사	gang-sa
traduzione (f) (fare una ~)	번역	beo-nyeok
traduzione (f) (un testo)	번역	beo-nyeok
traduttore (m)	번역가	beo-nyeok-ga
interprete (m)	통역가	tong-yeok-ga
poliglotta (m)	수개 국어를 말하는 사람	su-gae gu-geo-reul mal-ha-neun sa-ram
memoria (f)	기억력	gi-eong-nyeok

Ristorante. Intrattenimento. Viaggi

99. Escursione. Viaggio

turismo (m)	관광	gwan-gwang
turista (m)	관광객	gwan-gwang-gaek
viaggio (m) (all'estero)	여행	yeo-haeng
avventura (f)	모험	mo-heom
viaggio (m) (corto)	여행	yeo-haeng
vacanza (f)	휴가	hyu-ga
essere in vacanza	휴가 중이다	hyu-ga jung-i-da
riposo (m)	휴양	hyu-yang
treno (m)	기차	gi-cha
in treno	기차로	gi-cha-ro
aereo (m)	비행기	bi-haeng-gi
in aereo	비행기로	bi-haeng-gi-ro
in macchina	자동차로	ja-dong-cha-ro
in nave	배로	bae-ro
bagaglio (m)	짐, 수하물	jim, su-ha-mul
valigia (f)	여행 가방	yeo-haeng ga-bang
carrello (m)	수하물 카트	su-ha-mul ka-teu
passaporto (m)	여권	yeo-gwon
visto (m)	비자	bi-ja
biglietto (m)	표	pyo
biglietto (m) aereo	비행기표	bi-haeng-gi-pyo
guida (f)	여행 안내서	yeo-haeng an-nae-seo
carta (f) geografica	지도	ji-do
località (f)	지역	ji-yeok
luogo (m)	곳	got
ogetti (m pl) esotici	이국	i-guk
esotico (agg)	이국적인	i-guk-jeo-gin
sorprendente (agg)	놀라운	nol-la-un
gruppo (m)	무리	mu-ri
escursione (f)	견학, 관광	gyeon-hak, gwan-gwang
guida (f) (cicerone)	가이드	ga-i-deu

100. Hotel

albergo, hotel (m)	호텔	ho-tel
motel (m)	모텔	mo-tel
tre stelle	3성급	sam-seong-geub

cinque stelle	5성급	o-seong-geub
alloggiare (vi)	머무르다	meo-mu-reu-da
camera (f)	객실	gaek-sil
camera (f) singola	일인실	i-rin-sil
camera (f) doppia	더블룸	deo-beul-lum
prenotare una camera	방을 예약하다	bang-eul rye-yak-a-da
mezza pensione (f)	하숙	ha-suk
pensione (f) completa	식사 제공	sik-sa je-gong
con bagno	욕조가 있는	yok-jo-ga in-neun
con doccia	샤워가 있는	sya-wo-ga in-neun
televisione (f) satellitare	위성 텔레비전	wi-seong tel-le-bi-jeon
condizionatore (m)	에어컨	e-eo-keon
asciugamano (m)	수건	su-geon
chiave (f)	열쇠	yeol-soe
amministratore (m)	관리자	gwal-li-ja
cameriera (f)	객실 청소부	gaek-sil cheong-so-bu
portabagagli (m)	포터	po-teo
portiere (m)	도어맨	do-eo-maen
ristorante (m)	레스토랑	re-seu-to-rang
bar (m)	바	ba
colazione (f)	아침식사	a-chim-sik-sa
cena (f)	저녁식사	jeo-nyeok-sik-sa
buffet (m)	뷔페	bwi-pe
hall (f) (atrio d'ingresso)	로비	ro-bi
ascensore (m)	엘리베이터	el-li-be-i-teo
NON DISTURBARE	방해하지 마세요	bang-hae-ha-ji ma-se-yo
VIETATO FUMARE!	금연	geu-myeon

ATTREZZATURA TECNICA. MEZZI DI TRASPORTO

Attrezzatura tecnica

101. Computer

computer (m)	컴퓨터	keom-pyu-teo
computer (m) portatile	노트북	no-teu-buk
accendere (vt)	켜다	kyeo-da
spegnere (vt)	끄다	kkeu-da
tastiera (f)	키보드	ki-bo-deu
tasto (m)	키	ki
mouse (m)	마우스	ma-u-seu
tappetino (m) del mouse	마우스 패드	ma-u-seu pae-deu
tasto (m)	버튼	beo-teun
cursore (m)	커서	keo-seo
monitor (m)	모니터	mo-ni-teo
schermo (m)	화면, 스크린	hwa-myeon
disco (m) rigido	하드 디스크	ha-deu di-seu-keu
spazio (m) sul disco rigido	하드 디스크 용량	ha-deu di-seu-keu yong-nyang
memoria (f)	메모리	me-mo-ri
memoria (f) operativa	램	raem
file (m)	파일	pa-il
cartella (f)	폴더	pol-deo
aprire (vt)	열다	yeol-da
chiudere (vt)	닫다	dat-da
salvare (vt)	저장하다	jeo-jang-ha-da
eliminare (vt)	삭제하다	sak-je-ha-da
copiare (vt)	복사하다	bok-sa-ha-da
ordinare (vt)	정렬하다	jeong-nyeol-ha-da
trasferire (vt)	전송하다	jeon-song-ha-da
programma (m)	프로그램	peu-ro-geu-raem
software (m)	소프트웨어	so-peu-teu-we-eo
programmatore (m)	프로그래머	peu-ro-geu-rae-meo
programmare (vt)	프로그램을 작성하다	peu-ro-geu-rae-meul jak-seong-ha-da
hacker (m)	해커	hae-keo
password (f)	비밀번호	bi-mil-beon-ho
virus (m)	바이러스	ba-i-reo-seu

trovare (un virus, ecc.)	발견하다	bal-gyeon-ha-da
byte (m)	바이트	ba-i-teu
megabyte (m)	메가바이트	me-ga-ba-i-teu
dati (m pl)	데이터	de-i-teo
database (m)	데이터베이스	de-i-teo-be-i-seu
cavo (m)	케이블	ke-i-beul
sconnettere (vt)	연결해제하다	yeon-gyeol-hae-je-ha-da
collegare (vt)	연결하다	yeon-gyeol-ha-da

102. Internet. Posta elettronica

internet (f)	인터넷	in-teo-net
navigatore (m)	브라우저	beu-ra-u-jeo
motore (m) di ricerca	검색 엔진	geom-saek gen-jin
provider (m)	인터넷 서비스 제공자	in-teo-net seo-bi-seu je-gong-ja
webmaster (m)	웹마스터	wem-ma-seu-teo
sito web (m)	웹사이트	wep-sa-i-teu
pagina web (f)	웹페이지	wep-pe-i-ji
indirizzo (m)	주소	ju-so
rubrica (f) indirizzi	주소록	ju-so-rok
casella (f) di posta	우편함	u-pyeon-ham
posta (f)	메일	me-il
messaggio (m)	메시지	me-si-ji
mittente (m)	발송인	bal-song-in
inviare (vt)	보내다	bo-nae-da
invio (m)	발송	bal-song
destinatario (m)	수신인	su-sin-in
ricevere (vt)	받다	bat-da
corrispondenza (f)	서신 교환	seo-sin gyo-hwan
essere in corrispondenza	편지를 주고 받다	pyeon-ji-reul ju-go bat-da
file (m)	파일	pa-il
scaricare (vt)	다운받다	da-un-bat-da
creare (vt)	창조하다	chang-jo-ha-da
eliminare (vt)	삭제하다	sak-je-ha-da
eliminato (agg)	삭제된	sak-je-doen
connessione (f)	연결	yeon-gyeol
velocità (f)	속도	sok-do
accesso (m)	접속	jeop-sok
porta (f)	포트	po-teu
collegamento (m)	연결	yeon-gyeol
collegarsi a ...	... 에 연결하다	... e yeon-gyeol-ha-da
scegliere (vt)	선택하다	seon-taek-a-da
cercare (vt)	... 를 검색하다	... reul geom-saek-a-da

103. Elettricità

elettricità (f)	전기	jeon-gi
elettrico (agg)	전기의	jeon-gi-ui
centrale (f) elettrica	발전소	bal-jeon-so
energia (f)	에너지	e-neo-ji
energia (f) elettrica	전력	jeol-lyeok
lampadina (f)	전구	jeon-gu
torcia (f) elettrica	손전등	son-jeon-deung
lampione (m)	가로등	ga-ro-deung
luce (f)	전깃불	jeon-git-bul
accendere (luce)	켜다	kyeo-da
spegnere (vt)	끄다	kkeu-da
spegnere la luce	불을 끄다	bu-reul kkeu-da
fulminarsi (vr)	끊어지다	kkeu-neo-ji-da
corto circuito (m)	쇼트	syo-teu
rottura (f) (~ di un cavo)	절단	jeol-dan
contatto (m)	접촉	jeop-chok
interruttore (m)	스위치	seu-wi-chi
presa (f) elettrica	소켓	so-ket
spina (f)	플러그	peul-leo-geu
prolunga (f)	연장 코드	yeon-jang ko-deu
fusibile (m)	퓨즈	pyu-jeu
filo (m)	전선	jeon-seon
impianto (m) elettrico	배선	bae-seon
ampere (m)	암페어	am-pe-eo
intensità di corrente	암페어수	am-pe-eo-su
volt (m)	볼트	bol-teu
tensione (f)	전압	jeon-ap
apparecchio (m) elettrico	전기기구	jeon-gi-gi-gu
indicatore (m)	센서	sen-seo
elettricista (m)	전기 기사	jeon-gi gi-sa
saldare (vt)	납땜하다	nap-ttaem-ha-da
saldatoio (m)	납땜인두	nap-ttaem-in-du
corrente (f)	전류	jeol-lyu

104. Utensili

utensile (m)	공구	gong-gu
utensili (m pl)	공구	gong-gu
impianto (m)	장비	jang-bi
martello (m)	망치	mang-chi
giravite (m)	나사돌리개	na-sa-dol-li-gae
ascia (f)	도끼	do-kki

Italiano	Coreano	Romanizzazione
sega (f)	톱	top
segare (vt)	톱을 켜다	to-beul kyeo-da
pialla (f)	대패	dae-pae
piallare (vt)	대패질하다	dae-pae-jil-ha-da
saldatoio (m)	납땜인두	nap-ttaem-in-du
saldare (vt)	납땜하다	nap-ttaem-ha-da
lima (f)	줄	jul
tenaglie (f pl)	집게	jip-ge
pinza (f) a punte piatte	펜치	pen-chi
scalpello (m)	끌	kkeul
punta (f) da trapano	드릴 비트	deu-ril bi-teu
trapano (m) elettrico	전동 드릴	jeon-dong deu-ril
trapanare (vt)	뚫다	ttul-ta
coltello (m)	칼, 나이프	kal, na-i-peu
lama (f)	칼날	kal-lal
affilato (coltello ~)	날카로운	nal-ka-ro-un
smussato (agg)	무딘	mu-din
smussarsi (vr)	무뎌지다	mu-dyeo-ji-da
affilare (vt)	갈다	gal-da
bullone (m)	볼트	bol-teu
dado (m)	너트	neo-teu
filettatura (f)	나사산	na-sa-san
vite (f)	나사못	na-sa-mot
chiodo (m)	못	mot
testa (f) di chiodo	못대가리	mot-dae-ga-ri
regolo (m)	자	ja
nastro (m) metrico	줄자	jul-ja
livella (f)	수준기	su-jun-gi
lente (f) d'ingradimento	돋보기	dot-bo-gi
strumento (m) di misurazione	계측기	gye-cheuk-gi
misurare (vt)	측정하다	cheuk-jeong-ha-da
scala (f) graduata	눈금	nun-geum
lettura, indicazione (f)	판독값	pan-dok-gap
compressore (m)	컴프레서	keom-peu-re-seo
microscopio (m)	현미경	hyeon-mi-gyeong
pompa (f) (~ dell'acqua)	펌프	peom-peu
robot (m)	로봇	ro-bot
laser (m)	레이저	re-i-jeo
chiave (f)	스패너	seu-pae-neo
nastro (m) adesivo	스카치 테이프	seu-ka-chi te-i-peu
colla (f)	접착제	jeop-chak-je
carta (f) smerigliata	사포	sa-po
magnete (m)	자석	ja-seok
guanti (m pl)	장갑	jang-gap

corda (f)	밧줄	bat-jul
cordone (m)	끈	kkeun
filo (m) (~ del telefono)	전선	jeon-seon
cavo (m)	케이블	ke-i-beul
mazza (f)	슬레지해머	seul-le-ji-hae-meo
palanchino (m)	쇠지레	soe-ji-re
scala (f) a pioli	사다리	sa-da-ri
scala (m) a libretto	접사다리	jeop-sa-da-ri
avvitare (stringere)	돌려서 조이다	dol-lyeo-seo jo-i-da
svitare (vt)	열리다	yeol-li-da
stringere (vt)	조이다	jo-i-da
incollare (vt)	붙이다	bu-chi-da
tagliare (vt)	자르다	ja-reu-da
guasto (m)	고장	go-jang
riparazione (f)	수리	su-ri
riparare (vt)	보수하다	bo-su-ha-da
regolare (~ uno strumento)	조절하다	jo-jeol-ha-da
verificare (ispezionare)	확인하다	hwa-gin-ha-da
controllo (m)	확인	hwa-gin
lettura, indicazione (f)	판독값	pan-dok-gap
sicuro (agg)	믿을 만한	mi-deul man-han
complesso (agg)	복잡한	bok-ja-pan
arrugginire (vi)	녹이 슬다	no-gi seul-da
arrugginito (agg)	녹이 슨	no-gi seun
ruggine (f)	녹	nok

Mezzi di trasporto

105. Aeroplano

aereo (m)	비행기	bi-haeng-gi
biglietto (m) aereo	비행기표	bi-haeng-gi-pyo
compagnia (f) aerea	항공사	hang-gong-sa
aeroporto (m)	공항	gong-hang
supersonico (agg)	초음속의	cho-eum-so-gui
pilota (m)	비행사	bi-haeng-sa
hostess (f)	승무원	seung-mu-won
navigatore (m)	항법사	hang-beop-sa
ali (f pl)	날개	nal-gae
coda (f)	꼬리	kko-ri
cabina (f)	조종석	jo-jong-seok
motore (m)	엔진	en-jin
carrello (m) d'atterraggio	착륙 장치	chang-nyuk jang-chi
turbina (f)	터빈	teo-bin
elica (f)	추진기	chu-jin-gi
scatola (f) nera	블랙박스	beul-laek-bak-seu
barra (f) di comando	조종간	jo-jong-gan
combustibile (m)	연료	yeol-lyo
safety card (f)	안전 안내서	an-jeon an-nae-seo
maschera (f) ad ossigeno	산소 마스크	san-so ma-seu-keu
uniforme (f)	제복	je-bok
giubbotto (m) di salvataggio	구명조끼	gu-myeong-jo-kki
paracadute (m)	낙하산	nak-a-san
decollo (m)	이륙	i-ryuk
decollare (vi)	이륙하다	i-ryuk-a-da
pista (f) di decollo	활주로	hwal-ju-ro
visibilità (f)	시계	si-gye
volo (m)	비행	bi-haeng
altitudine (f)	고도	go-do
vuoto (m) d'aria	에어 포켓	e-eo po-ket
posto (m)	자리	ja-ri
cuffia (f)	헤드폰	he-deu-pon
tavolinetto (m) pieghevole	접는 테이블	jeom-neun te-i-beul
oblò (m), finestrino (m)	창문	chang-mun
corridoio (m)	통로	tong-no

106. Treno

treno (m)	기차, 열차	gi-cha, nyeol-cha
elettrotreno (m)	통근 열차	tong-geun nyeol-cha
treno (m) rapido	급행 열차	geu-paeng yeol-cha
locomotiva (f) diesel	디젤 기관차	di-jel gi-gwan-cha
locomotiva (f) a vapore	증기 기관차	jeung-gi gi-gwan-cha
carrozza (f)	객차	gaek-cha
vagone (m) ristorante	식당차	sik-dang-cha
rotaie (f pl)	레일	re-il
ferrovia (f)	철도	cheol-do
traversa (f)	침목	chim-mok
banchina (f) (~ ferroviaria)	플랫폼	peul-laet-pom
binario (m) (~ 1, 2)	길	gil
semaforo (m)	신호기	sin-ho-gi
stazione (f)	역	yeok
macchinista (m)	기관사	gi-gwan-sa
portabagagli (m)	포터	po-teo
cuccettista (m, f)	차장	cha-jang
passeggero (m)	승객	seung-gaek
controllore (m)	검표원	geom-pyo-won
corridoio (m)	통로	tong-no
freno (m) di emergenza	비상 브레이크	bi-sang beu-re-i-keu
scompartimento (m)	침대차	chim-dae-cha
cuccetta (f)	침대	chim-dae
cuccetta (f) superiore	윗침대	wit-chim-dae
cuccetta (f) inferiore	아래 침대	a-rae chim-dae
biancheria (f) da letto	침구	chim-gu
biglietto (m)	표	pyo
orario (m)	시간표	si-gan-pyo
tabellone (m) orari	안내 전광판	an-nae jeon-gwang-pan
partire (vi)	떠난다	tteo-na-da
partenza (f)	출발	chul-bal
arrivare (di un treno)	도착하다	do-chak-a-da
arrivo (m)	도착	do-chak
arrivare con il treno	기차로 도착하다	gi-cha-ro do-chak-a-da
salire sul treno	기차에 타다	gi-cha-e ta-da
scendere dal treno	기차에서 내리다	gi-cha-e-seo nae-ri-da
deragliamento (m)	기차 사고	gi-cha sa-go
locomotiva (f) a vapore	증기 기관차	jeung-gi gi-gwan-cha
fuochista (m)	화부	hwa-bu
forno (m)	화실	hwa-sil
carbone (m)	석탄	seok-tan

107. Nave

nave (f)	배	bae
imbarcazione (f)	배	bae
piroscafo (m)	증기선	jeung-gi-seon
barca (f) fluviale	강배	gang-bae
transatlantico (m)	크루즈선	keu-ru-jeu-seon
incrociatore (m)	순양함	su-nyang-ham
yacht (m)	요트	yo-teu
rimorchiatore (m)	예인선	ye-in-seon
veliero (m)	범선	beom-seon
brigantino (m)	쌍돛대 범선	ssang-dot-dae beom-seon
rompighiaccio (m)	쇄빙선	swae-bing-seon
sottomarino (m)	잠수함	jam-su-ham
barca (f)	보트	bo-teu
scialuppa (f)	종선	jong-seon
scialuppa (f) di salvataggio	구조선	gu-jo-seon
motoscafo (m)	모터보트	mo-teo-bo-teu
capitano (m)	선장	seon-jang
marittimo (m)	수부	su-bu
marinaio (m)	선원	seon-won
equipaggio (m)	승무원	seung-mu-won
nostromo (m)	갑판장	gap-pan-jang
cuoco (m)	요리사	yo-ri-sa
medico (m) di bordo	선의	seon-ui
ponte (m)	갑판	gap-pan
albero (m)	돛대	dot-dae
vela (f)	돛	dot
stiva (f)	화물칸	hwa-mul-kan
prua (f)	이물	i-mul
poppa (f)	고물	go-mul
remo (m)	노	no
elica (f)	스크루	seu-keu-ru
cabina (f)	선실	seon-sil
quadrato (m) degli ufficiali	사관실	sa-gwan-sil
sala (f) macchine	엔진실	en-jin-sil
cabina (f) radiotelegrafica	무전실	mu-jeon-sil
onda (f)	전파	jeon-pa
cannocchiale (m)	망원경	mang-won-gyeong
campana (f)	종	jong
bandiera (f)	기	gi
cavo (m) (~ d'ormeggio)	밧줄	bat-jul
nodo (m)	매듭	mae-deup

ringhiera (f)	난간	nan-gan
passerella (f)	사다리	sa-da-ri
ancora (f)	닻	dat
levare l'ancora	닻을 올리다	da-cheul rol-li-da
gettare l'ancora	닻을 내리다	da-cheul lae-ri-da
catena (f) dell'ancora	닻줄	dat-jul
porto (m)	항구	hang-gu
banchina (f)	부두	bu-du
ormeggiarsi (vr)	정박시키다	jeong-bak-si-ki-da
salpare (vi)	출항하다	chul-hang-ha-da
viaggio (m)	여행	yeo-haeng
crociera (f)	크루즈	keu-ru-jeu
rotta (f)	항로	hang-no
itinerario (m)	노선	no-seon
tratto (m) navigabile	항로	hang-no
secca (f)	얕은 곳	ya-teun got
arenarsi (vr)	좌초하다	jwa-cho-ha-da
tempesta (f)	폭풍우	pok-pung-u
segnale (m)	신호	sin-ho
affondare (andare a fondo)	가라앉다	ga-ra-an-da
SOS	조난 신호	jo-nan sin-ho
salvagente (m) anulare	구명부환	gu-myeong-bu-hwan

108. Aeroporto

aeroporto (m)	공항	gong-hang
aereo (m)	비행기	bi-haeng-gi
compagnia (f) aerea	항공사	hang-gong-sa
controllore (m) di volo	관제사	gwan-je-sa
partenza (f)	출발	chul-bal
arrivo (m)	도착	do-chak
arrivare (vi)	도착하다	do-chak-a-da
ora (f) di partenza	출발시간	chul-bal-si-gan
ora (f) di arrivo	도착시간	do-chak-si-gan
essere ritardato	연기되다	yeon-gi-doe-da
volo (m) ritardato	항공기 지연	hang-gong-gi ji-yeon
tabellone (m) orari	안내 전광판	an-nae jeon-gwang-pan
informazione (f)	정보	jeong-bo
annunciare (vt)	알리다	al-li-da
volo (m)	비행편	bi-haeng-pyeon
dogana (f)	세관	se-gwan
doganiere (m)	세관원	se-gwan-won
dichiarazione (f)	세관신고서	se-gwan-sin-go-seo
riempire una dichiarazione	세관 신고서를 작성하다	se-gwan sin-go-seo-reul jak-seong-ha-da

controllo (m) passaporti	여권 검사	yeo-gwon geom-sa
bagaglio (m)	짐, 수하물	jim, su-ha-mul
bagaglio (m) a mano	휴대 가능 수하물	hyu-dae ga-neung su-ha-mul
carrello (m)	수하물 카트	su-ha-mul ka-teu
atterraggio (m)	착륙	chang-nyuk
pista (f) di atterraggio	활주로	hwal-ju-ro
atterrare (vi)	착륙하다	chang-nyuk-a-da
scaletta (f) dell'aereo	승강계단	seung-gang-gye-dan
check-in (m)	체크인	che-keu-in
banco (m) del check-in	체크인 카운터	che-keu-in ka-un-teo
fare il check-in	체크인하다	che-keu-in-ha-da
carta (f) d'imbarco	탑승권	tap-seung-gwon
porta (f) d'imbarco	탑승구	tap-seung-gu
transito (m)	트랜싯, 환승	teu-raen-sit, hwan-seung
aspettare (vt)	기다리다	gi-da-ri-da
sala (f) d'attesa	공항 라운지	gong-hang na-un-ji
accompagnare (vt)	배웅하다	bae-ung-ha-da
congedarsi (vr)	작별인사를 하다	jak-byeo-rin-sa-reul ha-da

Situazioni quotidiane

109. Vacanze. Evento

festa (f)	휴일	hyu-il
festa (f) nazionale	국경일	guk-gyeong-il
festività (f) civile	공휴일	gong-hyu-il
festeggiare (vt)	기념하다	gi-nyeom-ha-da
avvenimento (m)	사건	sa-geon
evento (m) (organizzare un ~)	이벤트	i-ben-teu
banchetto (m)	연회	yeon-hoe
ricevimento (m)	리셉션	ri-sep-syeon
festino (m)	연회	yeon-hoe
anniversario (m)	기념일	gi-nyeom-il
giubileo (m)	기념일	gi-nyeom-il
festeggiare (vt)	경축하다	gyeong-chuk-a-da
Capodanno (m)	새해	sae-hae
Buon Anno!	새해 복 많이 받으세요!	sae-hae bok ma-ni ba-deu-se-yo!
Babbo Natale (m)	산타클로스	san-ta-keul-lo-seu
Natale (m)	크리스마스	keu-ri-seu-ma-seu
Buon Natale!	성탄을 축하합니다!	seong-ta-neul chuk-a-ham-ni-da!
Albero (m) di Natale	크리스마스트리	keu-ri-seu-ma-seu-teu-ri
fuochi (m pl) artificiali	불꽃놀이	bul-kkon-no-ri
nozze (f pl)	결혼식	gyeol-hon-sik
sposo (m)	신랑	sil-lang
sposa (f)	신부	sin-bu
invitare (vt)	초대하다	cho-dae-ha-da
invito (m)	초대장	cho-dae-jang
ospite (m)	손님	son-nim
andare a trovare	방문하다	bang-mun-ha-da
accogliere gli invitati	손님을 맞이하다	son-ni-meul ma-ji-ha-da
regalo (m)	선물	seon-mul
offrire (~ un regalo)	선물 하다	seon-mul ha-da
ricevere i regali	선물 받다	seon-mul bat-da
mazzo (m) di fiori	꽃다발	kkot-da-bal
auguri (m pl)	축하를	chuk-a-reul
augurare (vt)	축하하다	chuk-a-ha-da
cartolina (f)	축하 카드	chuk-a ka-deu
mandare una cartolina	카드를 보내다	ka-deu-reul bo-nae-da

ricevere una cartolina	카드 받다	ka-deu bat-da
brindisi (m)	축배	chuk-bae
offrire (~ qualcosa da bere)	대접하다	dae-jeo-pa-da
champagne (m)	샴페인	syam-pe-in
divertirsi (vr)	즐기다	jeul-gi-da
allegria (f)	즐거움	jeul-geo-um
gioia (f)	기쁜, 즐거움	gi-ppeun, jeul-geo-um
danza (f), ballo (m)	춤	chum
ballare (vi, vt)	춤추다	chum-chu-da
valzer (m)	왈츠	wal-cheu
tango (m)	탱고	taeng-go

110. Funerali. Sepoltura

cimitero (m)	묘지	myo-ji
tomba (f)	무덤	mu-deom
croce (f)	십자가	sip-ja-ga
pietra (f) tombale	묘석	myo-seok
recinto (m)	울타리	ul-ta-ri
cappella (f)	채플	chae-peul
morte (f)	죽음	ju-geum
morire (vi)	죽다	juk-da
defunto (m)	고인	go-in
lutto (m)	상	sang
seppellire (vt)	묻다	mut-da
sede (f) di pompe funebri	장례식장	jang-nye-sik-jang
funerale (m)	장례식	jang-nye-sik
corona (f) di fiori	화환	hwa-hwan
bara (f)	관	gwan
carro (m) funebre	영구차	yeong-gu-cha
lenzuolo (m) funebre	수의	su-ui
urna (f) funeraria	유골 단지	yu-gol dan-ji
crematorio (m)	화장장	hwa-jang-jang
necrologio (m)	부고	bu-go
piangere (vi)	울다	ul-da
singhiozzare (vi)	흐느껴 울다	heu-neu-kkyeo ul-da

111. Guerra. Soldati

plotone (m)	소대	so-dae
compagnia (f)	중대	jung-dae
reggimento (m)	연대	yeon-dae
esercito (m)	군대	gun-dae
divisione (f)	사단	sa-dan

distaccamento (m)	분대	bun-dae
armata (f)	군대	gun-dae

soldato (m)	군인	gun-in
ufficiale (m)	장교	jang-gyo

soldato (m) semplice	일병	il-byeong
sergente (m)	병장	byeong-jang
tenente (m)	중위	jung-wi
capitano (m)	대위	dae-wi
maggiore (m)	소령	so-ryeong
colonnello (m)	대령	dae-ryeong
generale (m)	장군	jang-gun

marinaio (m)	선원	seon-won
capitano (m)	대위	dae-wi
nostromo (m)	갑판장	gap-pan-jang

artigliere (m)	포병	po-byeong
paracadutista (m)	낙하산 부대원	nak-a-san bu-dae-won
pilota (m)	조종사	jo-jong-sa
navigatore (m)	항법사	hang-beop-sa
meccanico (m)	정비공	jeong-bi-gong

geniere (m)	공병대원	gong-byeong-dae-won
paracadutista (m)	낙하산병	nak-a-san-byeong
esploratore (m)	정찰대	jeong-chal-dae
cecchino (m)	저격병	jeo-gyeok-byeong

pattuglia (f)	순찰	sun-chal
pattugliare (vt)	순찰하다	sun-chal-ha-da
sentinella (f)	경비병	gyeong-bi-byeong

guerriero (m)	전사	jeon-sa
patriota (m)	애국자	ae-guk-ja
eroe (m)	영웅	yeong-ung
eroina (f)	여걸	yeo-geol

traditore (m)	매국노	mae-gung-no
disertore (m)	탈영병	ta-ryeong-byeong
disertare (vi)	탈영하다	ta-ryeong-ha-da

mercenario (m)	용병	yong-byeong
recluta (f)	훈련병	hul-lyeon-byeong
volontario (m)	지원병	ji-won-byeong

ucciso (m)	사망자	sa-mang-ja
ferito (m)	부상자	bu-sang-ja
prigioniero (m) di guerra	포로	po-ro

112. Guerra. Azioni militari. Parte 1

guerra (f)	전쟁	jeon-jaeng
essere in guerra	참전하다	cham-jeon-ha-da

guerra (f) civile	내전	nae-jeon
perfidamente	비겁하게	bi-geo-pa-ge
dichiarazione (f) di guerra	선전 포고	seon-jeon po-go
dichiarare (~ guerra)	선포하다	seon-po-ha-da
aggressione (f)	침략	chim-nyak
attaccare (vt)	공격하다	gong-gyeo-ka-da
invadere (vt)	침략하다	chim-nyak-a-da
invasore (m)	침략자	chim-nyak-ja
conquistatore (m)	정복자	jeong-bok-ja
difesa (f)	방어	bang-eo
difendere (~ un paese)	방어하다	bang-eo-ha-da
difendersi (vr)	… 를 방어하다	… reul bang-eo-ha-da
nemico (m)	적	jeok
avversario (m)	원수	won-su
ostile (agg)	적의	jeo-gui
strategia (f)	전략	jeol-lyak
tattica (f)	전술	jeon-sul
ordine (m)	명령	myeong-nyeong
comando (m)	명령	myeong-nyeong
ordinare (vt)	명령하다	myeong-nyeong-ha-da
missione (f)	임무	im-mu
segreto (agg)	비밀의	bi-mi-rui
battaglia (f)	전투	jeon-tu
battaglia (f)	전투	jeon-tu
combattimento (m)	전투	jeon-tu
attacco (m)	공격	gong-gyeok
assalto (m)	돌격	dol-gyeok
assalire (vt)	습격하다	seup-gyeok-a-da
assedio (m)	포위 공격	po-wi gong-gyeok
offensiva (f)	공세	gong-se
passare all'offensiva	공격하다	gong-gyeo-ka-da
ritirata (f)	퇴각	toe-gak
ritirarsi (vr)	퇴각하다	toe-gak-a-da
accerchiamento (m)	포위	po-wi
accerchiare (vt)	둘러싸다	dul-leo-ssa-da
bombardamento (m)	폭격	pok-gyeok
lanciare una bomba	폭탄을 투하하다	pok-ta-neul tu-ha-ha-da
bombardare (vt)	폭격하다	pok-gyeok-a-da
esplosione (f)	폭발	pok-bal
sparo (m)	발포	bal-po
sparare un colpo	쏘다	sso-da
sparatoria (f)	사격	sa-gyeok
puntare su …	겨냥대다	gyeo-nyang-dae-da
puntare (~ una pistola)	총을 겨누다	chong-eul gyeo-nu-da

colpire (~ il bersaglio)	맞히다	ma-chi-da
affondare (mandare a fondo)	가라앉히다	ga-ra-an-chi-da
falla (f)	구멍	gu-meong
affondare (andare a fondo)	가라앉히다	ga-ra-an-chi-da
fronte (m) (~ di guerra)	전선	jeon-seon
evacuazione (f)	철수	cheol-su
evacuare (vt)	대피시키다	dae-pi-si-ki-da
trincea (f)	참호	cham-ho
filo (m) spinato	가시철사	ga-si-cheol-sa
sbarramento (m)	장애물	jang-ae-mul
torretta (f) di osservazione	감시탑	gam-si-tap
ospedale (m) militare	군 병원	gun byeong-won
ferire (vt)	부상을 입히다	bu-sang-eul ri-pi-da
ferita (f)	부상	bu-sang
ferito (m)	부상자	bu-sang-ja
rimanere ferito	부상을 입다	bu-sang-eul rip-da
grave (ferita ~)	심각한	sim-gak-an

113. Guerra. Azioni militari. Parte 2

prigionia (f)	사로잡힘	sa-ro-ja-pim
fare prigioniero	포로로 하다	po-ro-ro ha-da
essere prigioniero	사로잡히어	sa-ro-ja-pi-eo
essere fatto prigioniero	포로가 되다	po-ro-ga doe-da
campo (m) di concentramento	강제 수용소	gang-je su-yong-so
prigioniero (m) di guerra	포로	po-ro
fuggire (vi)	탈출하다	tal-chul-ha-da
tradire (vt)	팔아먹다	pa-ra-meok-da
traditore (m)	배반자	bae-ban-ja
tradimento (m)	배반	bae-ban
fucilare (vt)	총살하다	chong-sal-ha-da
fucilazione (f)	총살형	chong-sal-hyeong
divisa (f) militare	군장	gun-jang
spallina (f)	계급 견장	gye-geup gyeon-jang
maschera (f) antigas	가스 마스크	ga-seu ma-seu-keu
radiotrasmettitore (m)	군용무전기	gu-nyong-mu-jeon-gi
codice (m)	암호	am-ho
complotto (m)	비밀 유지	bi-mil ryu-ji
parola (f) d'ordine	비밀번호	bi-mil-beon-ho
mina (f)	지뢰	ji-roe
minare (~ la strada)	지뢰를 매설하다	ji-roe-reul mae-seol-ha-da
campo (m) minato	지뢰밭	ji-roe-bat
allarme (m) aereo	공습 경보	gong-seup gyeong-bo
allarme (m)	경보	gyeong-bo

segnale (m)	신호	sin-ho
razzo (m) di segnalazione	신호탄	sin-ho-tan
quartier (m) generale	본부	bon-bu
esplorazione (m)	정찰	jeong-chal
situazione (f)	정세	jeong-se
rapporto (m)	보고	bo-go
agguato (m)	기습	gi-seup
rinforzo (m)	강화	gang-hwa
bersaglio (m)	과녁	gwa-nyeok
terreno (m) di caccia	성능 시험장	seong-neung si-heom-jang
manovre (f pl)	군사 훈련	gun-sa hul-lyeon
panico (m)	공황	gong-hwang
devastazione (f)	파멸	pa-myeol
distruzione (m)	파괴	pa-goe
distruggere (vt)	파괴하다	pa-goe-ha-da
sopravvivere (vi, vt)	살아남다	sa-ra-nam-da
disarmare (vt)	무장해제하다	mu-jang-hae-je-ha-da
maneggiare (una pistola, ecc.)	다루다	da-ru-da
Attenti!	차려!	cha-ryeo!
Riposo!	쉬어!	swi-eo!
atto (m) eroico	무훈	mu-hun
giuramento (m)	맹세	maeng-se
giurare (vi)	맹세하다	maeng-se-ha-da
decorazione (f)	훈장	hun-jang
decorare (qn)	훈장을 주다	hun-jang-eul ju-da
medaglia (f)	메달	me-dal
ordine (m) (~ al Merito)	훈장	hun-jang
vittoria (f)	승리	seung-ni
sconfitta (m)	패배	pae-bae
armistizio (m)	휴전	hyu-jeon
bandiera (f)	기	gi
gloria (f)	영광	yeong-gwang
parata (f)	퍼레이드	peo-re-i-deu
marciare (in parata)	행진하다	haeng-jin-ha-da

114. Armi

armi (f pl)	무기	mu-gi
arma (f) da fuoco	화기	hwa-gi
armi (f pl) chimiche	화학 병기	hwa-hak byeong-gi
nucleare (agg)	핵의	hae-gui
armi (f pl) nucleari	핵무기	haeng-mu-gi
bomba (f)	폭탄	pok-tan

bomba (f) atomica	원자폭탄	won-ja-pok-tan
pistola (f)	권총	gwon-chong
fucile (m)	장총	jang-chong
mitra (m)	기관단총	gi-gwan-dan-chong
mitragliatrice (f)	기관총	gi-gwan-chong
bocca (f)	총구	chong-gu
canna (f)	총열	chong-yeol
calibro (m)	구경	gu-gyeong
grilletto (m)	방아쇠	bang-a-soe
mirino (m)	가늠자	ga-neum-ja
calcio (m)	개머리	gae-meo-ri
bomba (f) a mano	수류탄	su-ryu-tan
esplosivo (m)	폭약	po-gyak
pallottola (f)	총알	chong-al
cartuccia (f)	탄약통	ta-nyak-tong
carica (f)	화약	hwa-yak
munizioni (f pl)	탄약	ta-nyak
bombardiere (m)	폭격기	pok-gyeok-gi
aereo (m) da caccia	전투기	jeon-tu-gi
elicottero (m)	헬리콥터	hel-li-kop-teo
cannone (m) antiaereo	대공포	dae-gong-po
carro (m) armato	전차	jeon-cha
artiglieria (f)	대포	dae-po
cannone (m)	대포	dae-po
mirare a ...	총을 겨누다	chong-eul gyeo-nu-da
proiettile (m)	탄피	tan-pi
granata (f) da mortaio	박격포탄	bak-gyeok-po-tan
mortaio (m)	박격포	bak-gyeok-po
scheggia (f)	포탄파편	po-tan-pa-pyeon
sottomarino (m)	잠수함	jam-su-ham
siluro (m)	어뢰	eo-roe
missile (m)	미사일	mi-sa-il
caricare (~ una pistola)	장탄하다	jang-tan-ha-da
sparare (vi)	쏘다	sso-da
puntare su ...	총을 겨누다	chong-eul gyeo-nu-da
baionetta (f)	총검	chong-geom
spada (f)	레이피어	re-i-pi-eo
sciabola (f)	군도	gun-do
lancia (f)	창	chang
arco (m)	활	hwal
freccia (f)	화살	hwa-sal
moschetto (m)	머스킷	meo-seu-kit
balestra (f)	석궁	seok-gung

115. Gli antichi

primitivo (agg)	원시적인	won-si-jeo-gin
preistorico (agg)	선사시대의	seon-sa-si-dae-ui
antico (agg)	고대의	go-dae-ui
Età (f) della pietra	석기 시대	seok-gi si-dae
Età (f) del bronzo	청동기 시대	cheong-dong-gi si-dae
epoca (f) glaciale	빙하 시대	bing-ha si-dae
tribù (f)	부족	bu-jok
cannibale (m)	식인종	si-gin-jong
cacciatore (m)	사냥꾼	sa-nyang-kkun
cacciare (vt)	사냥하다	sa-nyang-ha-da
mammut (m)	매머드	mae-meo-deu
caverna (f), grotta (f)	동굴	dong-gul
fuoco (m)	불	bul
falò (m)	모닥불	mo-dak-bul
pittura (f) rupestre	동굴 벽화	dong-gul byeok-wa
strumento (m) di lavoro	도구	do-gu
lancia (f)	창	chang
ascia (f) di pietra	돌도끼	dol-do-kki
essere in guerra	참전하다	cham-jeon-ha-da
addomesticare (vt)	길들이다	gil-deu-ri-da
idolo (m)	우상	u-sang
idolatrare (vt)	숭배하다	sung-bae-ha-da
superstizione (f)	미신	mi-sin
evoluzione (f)	진화	jin-hwa
sviluppo (m)	개발	gae-bal
estinzione (f)	멸종	myeol-jong
adattarsi (vr)	적응하다	jeo-geung-ha-da
archeologia (f)	고고학	go-go-hak
archeologo (m)	고고학자	go-go-hak-ja
archeologico (agg)	고고학의	go-go-ha-gui
sito (m) archeologico	발굴 현장	bal-gul hyeon-jang
scavi (m pl)	발굴	bal-gul
reperto (m)	발견물	bal-gyeon-mul
frammento (m)	파편	pa-pyeon

116. Il Medio Evo

popolo (m)	민족	min-jok
popoli (m pl)	민족	min-jok
tribù (f)	부족	bu-jok
tribù (f pl)	부족들	bu-jok-deul
barbari (m pl)	오랑캐	o-rang-kae
galli (m pl)	갈리아인	gal-li-a-in

goti (m pl)	고트족	go-teu-jok
slavi (m pl)	슬라브족	seul-la-beu-jok
vichinghi (m pl)	바이킹	ba-i-king
romani (m pl)	로마 사람	ro-ma sa-ram
romano (agg)	로마의	ro-ma-ui
bizantini (m pl)	비잔티움 사람들	bi-jan-ti-um sa-ram-deul
Bisanzio (m)	비잔티움	bi-jan-ti-um
bizantino (agg)	비잔틴의	bi-jan-tin-ui
imperatore (m)	황제	hwang-je
capo (m)	추장	chu-jang
potente (un re ~)	강력한	gang-nyeo-kan
re (m)	왕	wang
governante (m) (sovrano)	통치자	tong-chi-ja
cavaliere (m)	기사	gi-sa
feudatario (m)	봉건 영주	bong-geon nyeong-ju
feudale (agg)	봉건적인	bong-geon-jeo-gin
vassallo (m)	봉신	bong-sin
duca (m)	공작	gong-jak
conte (m)	백작	baek-jak
barone (m)	남작	nam-jak
vescovo (m)	주교	ju-gyo
armatura (f)	갑옷	ga-bot
scudo (m)	방패	bang-pae
spada (f)	검	geom
visiera (f)	얼굴 가리개	eol-gul ga-ri-gae
cotta (f) di maglia	미늘 갑옷	mi-neul ga-bot
crociata (f)	십자군	sip-ja-gun
crociato (m)	십자군 전사	sip-ja-gun jeon-sa
territorio (m)	영토	yeong-to
attaccare (vt)	공격하다	gong-gyeo-ka-da
conquistare (vt)	정복하다	jeong-bok-a-da
occupare (invadere)	점령하다	jeom-nyeong-ha-da
assedio (m)	포위 공격	po-wi gong-gyeok
assediato (agg)	포위당한	po-wi-dang-han
assediare (vt)	포위하다	po-wi-ha-da
inquisizione (f)	이단심문	i-dan-sim-mun
inquisitore (m)	종교 재판관	jong-gyo jae-pan-gwan
tortura (f)	고문	go-mun
crudele (agg)	잔혹한	jan-hok-an
eretico (m)	이단자	i-dan-ja
eresia (f)	이단으로	i-da-neu-ro
navigazione (f)	항해	hang-hae
pirata (m)	해적	hae-jeok
pirateria (f)	해적 행위	hae-jeok aeng-wi
arrembaggio (m)	널판장	neol-pan-jang

bottino (m)	노획물	no-hoeng-mul
tesori (m)	보물	bo-mul
scoperta (f)	발견	bal-gyeon
scoprire (~ nuove terre)	발견하다	bal-gyeon-ha-da
spedizione (f)	탐험	tam-heom
moschettiere (m)	총병	chong-byeong
cardinale (m)	추기경	chu-gi-gyeong
araldica (f)	문장학	mun-jang-hak
araldico (agg)	문장학의	mun-jang-ha-gui

117. Leader. Capo. Le autorità

re (m)	왕	wang
regina (f)	여왕	yeo-wang
reale (agg)	왕족의	wang-jo-gui
regno (m)	왕국	wang-guk
principe (m)	왕자	wang-ja
principessa (f)	공주	gong-ju
presidente (m)	대통령	dae-tong-nyeong
vicepresidente (m)	부통령	bu-tong-nyeong
senatore (m)	상원의원	sang-won-ui-won
monarca (m)	군주	gun-ju
governante (m) (sovrano)	통치자	tong-chi-ja
dittatore (m)	독재자	dok-jae-ja
tiranno (m)	폭군	pok-gun
magnate (m)	거물	geo-mul
direttore (m)	사장	sa-jang
capo (m)	추장	chu-jang
dirigente (m)	지배인	ji-bae-in
capo (m)	상사	sang-sa
proprietario (m)	소유자	so-yu-ja
capo (m) (~ delegazione)	책임자	chae-gim-ja
autorità (f pl)	당국	dang-guk
superiori (m pl)	상사	sang-sa
governatore (m)	주지사	ju-ji-sa
console (m)	영사	yeong-sa
diplomatico (m)	외교관	oe-gyo-gwan
sindaco (m)	시장	si-jang
sceriffo (m)	보안관	bo-an-gwan
imperatore (m)	황제	hwang-je
zar (m)	황제	hwang-je
faraone (m)	파라오	pa-ra-o
khan (m)	칸	kan

118. Infrangere la legge. Criminali. Parte 1

bandito (m)	산적	san-jeok
delitto (m)	범죄	beom-joe
criminale (m)	범죄자	beom-joe-ja
ladro (m)	도둑	do-duk
rubare (vi, vt)	훔치다	hum-chi-da
ruberia (f)	절도	jeol-do
reato (m) di furto	도둑질	do-duk-jil
rapire (vt)	납치하다	nap-chi-ha-da
rapimento (m)	유괴	yu-goe
rapitore (m)	유괴범	yu-goe-beom
riscatto (m)	몸값	mom-gap
chiedere il riscatto	몸값을 요구하다	mom-gap-seul ryo-gu-ha-da
rapinare (vt)	뺏다	ppaet-da
rapinatore (m)	강도	gang-do
estorcere (vt)	갈취하다	gal-chwi-ha-da
estorsore (m)	갈취자	gal-chwi-ja
estorsione (f)	갈취	gal-chwi
uccidere (vt)	죽이다	ju-gi-da
assassinio (m)	살인	sa-rin
assassino (m)	살인자	sa-rin-ja
sparo (m)	발포	bal-po
tirare un colpo	쏘다	sso-da
abbattere (con armi da fuoco)	쏘아 죽이다	sso-a ju-gi-da
sparare (vi)	쏘다	sso-da
sparatoria (f)	발사	bal-sa
incidente (m) (rissa, ecc.)	사건	sa-geon
rissa (f)	몸싸움	mom-ssa-um
vittima (f)	희생자	hui-saeng-ja
danneggiare (vt)	해치다	hae-chi-da
danno (m)	피해	pi-hae
cadavere (m)	시신	si-sin
grave (reato ~)	중대한	jung-dae-han
aggredire (vt)	공격하다	gong-gyeo-ka-da
picchiare (vt)	때리다	ttae-ri-da
malmenare (picchiare)	조지다	jo-ji-da
sottrarre (vt)	훔치다	hum-chi-da
accoltellare a morte	찔러 죽이다	jjil-leo ju-gi-da
mutilare (vt)	불구로 만들다	bul-gu-ro man-deul-da
ferire (vt)	부상을 입히다	bu-sang-eul ri-pi-da
ricatto (m)	공갈	gong-gal
ricattare (vt)	공갈하다	gong-gal-ha-da
ricattatore (m)	공갈범	gong-gal-beom

estorsione (f)	폭력단의 갈취 행위	pong-nyeok-dan-ui gal-chwi haeng-wi
estortore (m)	모리배	mo-ri-bae
gangster (m)	갱	gaeng
mafia (f)	마피아	ma-pi-a
borseggiatore (m)	소매치기	so-mae-chi-gi
scassinatore (m)	빈집털이범	bin-jip-teo-ri-beom
contrabbando (m)	밀수입	mil-su-ip
contrabbandiere (m)	밀수입자	mil-su-ip-ja
falsificazione (f)	위조	wi-jo
falsificare (vt)	위조하다	wi-jo-ha-da
falso, falsificato (agg)	가짜의	ga-jja-ui

119. Infrangere la legge. Criminali. Parte 2

stupro (m)	강간	gang-gan
stuprare (vt)	강간하다	gang-gan-ha-da
stupratore (m)	강간범	gang-gan-beom
maniaco (m)	미치광이	mi-chi-gwang-i
prostituta (f)	매춘부	mae-chun-bu
prostituzione (f)	매춘	mae-chun
magnaccia (m)	포주	po-ju
drogato (m)	마약 중독자	ma-yak jung-dok-ja
trafficante (m) di droga	마약 밀매자	ma-yak mil-mae-ja
far esplodere	폭발하다	pok-bal-ha-da
esplosione (f)	폭발	pok-bal
incendiare (vt)	방화하다	bang-hwa-ha-da
incendiario (m)	방화범	bang-hwa-beom
terrorismo (m)	테러리즘	te-reo-ri-jeum
terrorista (m)	테러리스트	te-reo-ri-seu-teu
ostaggio (m)	볼모	bol-mo
imbrogliare (vt)	속이다	so-gi-da
imbroglio (m)	사기	sa-gi
imbroglione (m)	사기꾼	sa-gi-kkun
corrompere (vt)	뇌물을 주다	noe-mu-reul ju-da
corruzione (f)	뇌물 수수	noe-mul su-su
bustarella (f)	뇌물	noe-mul
veleno (m)	독	dok
avvelenare (vt)	독살하다	dok-sal-ha-da
avvelenarsi (vr)	음독하다	eum-dok-a-da
suicidio (m)	자살	ja-sal
suicida (m)	자살자	ja-sal-ja
minacciare (vt)	협박하다	hyeop-bak-a-da
minaccia (f)	협박	hyeop-bak

attentare (vi)	살해를 피하다	sal-hae-reul kkoe-ha-da
attentato (m)	미수	mi-su
rubare (~ una macchina)	훔치는	hum-chi-da
dirottare (~ un aereo)	납치하다	nap-chi-ha-da
vendetta (f)	복수	bok-su
vendicare (vt)	복수하다	bok-su-ha-da
torturare (vt)	고문하다	go-mun-ha-da
tortura (f)	고문	go-mun
maltrattare (vt)	괴롭히다	goe-ro-pi-da
pirata (m)	해적	hae-jeok
teppista (m)	난동꾼	nan-dong-kkun
armato (agg)	무장한	mu-jang-han
violenza (f)	폭력	pong-nyeok
spionaggio (m)	간첩행위	gan-cheo-paeng-wi
spiare (vi)	간첩 행위를 하다	gan-cheop paeng-wi-reul ha-da

120. Polizia. Legge. Parte 1

giustizia (f)	정의	jeong-ui
tribunale (m)	법정	beop-jeong
giudice (m)	판사	pan-sa
giurati (m)	배심원	bae-sim-won
processo (m) con giuria	배심 재판	bae-sim jae-pan
giudicare (vt)	재판에 부치다	jae-pan-e bu-chi-da
avvocato (m)	변호사	byeon-ho-sa
imputato (m)	피고	pi-go
banco (m) degli imputati	피고인석	pi-go-in-seok
accusa (f)	혐의	hyeom-ui
accusato (m)	형사 피고인	pi-go-in
condanna (f)	형량	hyeong-nyang
condannare (vt)	선고하다	seon-go-ha-da
colpevole (m)	유죄	yu-joe
punire (vt)	처벌하다	cheo-beol-ha-da
punizione (f)	벌	beol
multa (f), ammenda (f)	벌금	beol-geum
ergastolo (m)	종신형	jong-sin-hyeong
pena (f) di morte	사형	sa-hyeong
sedia (f) elettrica	전기 의자	jeon-gi ui-ja
impiccagione (f)	교수대	gyo-su-dae
giustiziare (vt)	집행하다	ji-paeng-ha-da
esecuzione (f)	처형	cheo-hyeong

prigione (f)	교도소	gyo-do-so
cella (f)	감방	gam-bang
scorta (f)	호송	ho-song
guardia (f) carceraria	간수	gan-su
prigioniero (m)	죄수	joe-su
manette (f pl)	수갑	su-gap
mettere le manette	수갑을 채우다	su-ga-beul chae-u-da
fuga (f)	탈옥	ta-rok
fuggire (vi)	탈옥하다	ta-rok-a-da
scomparire (vi)	사라지다	sa-ra-ji-da
liberare (vt)	출옥하다	chu-rok-a-da
amnistia (f)	사면	sa-myeon
polizia (f)	경찰	gyeong-chal
poliziotto (m)	경찰관	gyeong-chal-gwan
commissariato (m)	경찰서	gyeong-chal-seo
manganello (m)	경찰봉	gyeong-chal-bong
altoparlante (m)	메가폰	me-ga-pon
macchina (f) di pattuglia	순찰차	sun-chal-cha
sirena (f)	사이렌	sa-i-ren
mettere la sirena	사이렌을 켜다	sa-i-re-neul kyeo-da
suono (m) della sirena	사이렌 소리	sa-i-ren so-ri
luogo (m) del crimine	범죄현장	beom-joe-hyeon-jang
testimone (m)	목격자	mok-gyeok-ja
libertà (f)	자유	ja-yu
complice (m)	공범자	gong-beom-ja
fuggire (vi)	달아나다	da-ra-na-da
traccia (f)	흔적	heun-jeok

121. Polizia. Legge. Parte 2

ricerca (f) (~ di un criminale)	조사	jo-sa
cercare (vt)	... 를 찾다	... reul chat-da
sospetto (m)	혐의	hyeom-ui
sospetto (agg)	의심스러운	ui-sim-seu-reo-un
fermare (vt)	멈추다	meom-chu-da
arrestare (qn)	구류하다	gu-ryu-ha-da
causa (f)	판례	pal-lye
inchiesta (f)	조사	jo-sa
detective (m)	형사	hyeong-sa
investigatore (m)	조사관	jo-sa-gwan
versione (f)	가설	ga-seol
movente (m)	동기	dong-gi
interrogatorio (m)	심문	sim-mun
interrogare (sospetto)	신문하다	sin-mun-ha-da
interrogare (vicini)	심문하다	sim-mun-ha-da
controllo (m) (~ di polizia)	확인	hwa-gin

retata (f)	일제 검거	il-je geom-geo
perquisizione (f)	수색	su-saek
inseguimento (m)	추적	chu-jeok
inseguire (vt)	추적하다	chu-jeok-a-da
essere sulle tracce	추적하다	chu-jeok-a-da
arresto (m)	체포	che-po
arrestare (qn)	체포하다	che-po-ha-da
catturare (~ un ladro)	붙잡다	but-jap-da
cattura (f)	체포	che-po
documento (m)	서류	seo-ryu
prova (f), reperto (m)	증거	jeung-geo
provare (vt)	증명하다	jeung-myeong-ha-da
impronta (f) del piede	발자국	bal-ja-guk
impronte (f pl) digitali	지문	ji-mun
elemento (m) di prova	증거물	jeung-geo-mul
alibi (m)	알리바이	al-li-ba-i
innocente (agg)	무죄인	mu-joe-in
ingiustizia (f)	부정	bu-jeong
ingiusto (agg)	부당한	bu-dang-han
criminale (agg)	범죄의	beom-joe-ui
confiscare (vt)	몰수하다	mol-su-ha-da
droga (f)	마약	ma-yak
armi (f pl)	무기	mu-gi
disarmare (vt)	무장해제하다	mu-jang-hae-je-ha-da
ordinare (vt)	명령하다	myeong-nyeong-ha-da
sparire (vi)	사라지다	sa-ra-ji-da
legge (f)	법률	beom-nyul
legale (agg)	합법적인	hap-beop-jeo-gin
illegale (agg)	불법적인	bul-beop-jeo-gin
responsabilità (f)	책임	chae-gim
responsabile (agg)	책임 있는	chae-gim in-neun

LA NATURA

La Terra. Parte 1

122. L'Universo

cosmo (m)	우주	u-ju
cosmico, spaziale (agg)	우주의	u-ju-ui
spazio (m) cosmico	우주 공간	u-ju gong-gan
mondo (m)	세계	se-gye
universo (m)	우주	u-ju
galassia (f)	은하	eun-ha
stella (f)	별, 항성	byeol, hang-seong
costellazione (f)	별자리	byeol-ja-ri
pianeta (m)	행성	haeng-seong
satellite (m)	인공위성	in-gong-wi-seong
meteorite (m)	운석	un-seok
cometa (f)	혜성	hye-seong
asteroide (m)	소행성	so-haeng-seong
orbita (f)	궤도	gwe-do
ruotare (vi)	회전한다	hoe-jeon-han-da
atmosfera (f)	대기	dae-gi
il Sole	태양	tae-yang
sistema (m) solare	태양계	tae-yang-gye
eclisse (f) solare	일식	il-sik
la Terra	지구	ji-gu
la Luna	달	dal
Marte (m)	화성	hwa-seong
Venere (f)	금성	geum-seong
Giove (m)	목성	mok-seong
Saturno (m)	토성	to-seong
Mercurio (m)	수성	su-seong
Urano (m)	천왕성	cheon-wang-seong
Nettuno (m)	해왕성	hae-wang-seong
Plutone (m)	명왕성	myeong-wang-seong
Via (f) Lattea	은하수	eun-ha-su
Orsa (f) Maggiore	큰곰자리	keun-gom-ja-ri
Stella (f) Polare	북극성	buk-geuk-seong
marziano (m)	화성인	hwa-seong-in
extraterrestre (m)	외계인	oe-gye-in

alieno (m)	외계인	oe-gye-in
disco (m) volante	비행 접시	bi-haeng jeop-si
nave (f) spaziale	우주선	u-ju-seon
stazione (f) spaziale	우주 정거장	u-ju jeong-nyu-jang
motore (m)	엔진	en-jin
ugello (m)	노즐	no-jeul
combustibile (m)	연료	yeol-lyo
cabina (f) di pilotaggio	조종석	jo-jong-seok
antenna (f)	안테나	an-te-na
oblò (m)	현창	hyeon-chang
batteria (f) solare	태양 전지	tae-yang jeon-ji
scafandro (m)	우주복	u-ju-bok
imponderabilità (f)	무중력	mu-jung-nyeok
ossigeno (m)	산소	san-so
aggancio (m)	도킹	do-king
agganciarsi (vr)	도킹하다	do-king-ha-da
osservatorio (m)	천문대	cheon-mun-dae
telescopio (m)	망원경	mang-won-gyeong
osservare (vt)	관찰하다	gwan-chal-ha-da
esplorare (vt)	탐험하다	tam-heom-ha-da

123. La Terra

la Terra	지구	ji-gu
globo (m) terrestre	지구	ji-gu
pianeta (m)	행성	haeng-seong
atmosfera (f)	대기	dae-gi
geografia (f)	지리학	ji-ri-hak
natura (f)	자연	ja-yeon
mappamondo (m)	지구의	ji-gu-ui
carta (f) geografica	지도	ji-do
atlante (m)	지도첩	ji-do-cheop
Europa (f)	유럽	yu-reop
Asia (f)	아시아	a-si-a
Africa (f)	아프리카	a-peu-ri-ka
Australia (f)	호주	ho-ju
America (f)	아메리카 대륙	a-me-ri-ka dae-ryuk
America (f) del Nord	북아메리카	bu-ga-me-ri-ka
America (f) del Sud	남아메리카	nam-a-me-ri-ka
Antartide (f)	남극 대륙	nam-geuk dae-ryuk
Artico (m)	극지방	geuk-ji-bang

124. Punti cardinali

nord (m)	북쪽	buk-jjok
a nord	북쪽으로	buk-jjo-geu-ro
al nord	북쪽에	buk-jjo-ge
del nord (agg)	북쪽의	buk-jjo-gui
sud (m)	남쪽	nam-jjok
a sud	남쪽으로	nam-jjo-geu-ro
al sud	남쪽에	nam-jjo-ge
del sud (agg)	남쪽의	nam-jjo-gui
ovest (m)	서쪽	seo-jjok
a ovest	서쪽으로	seo-jjo-geu-ro
all'ovest	서쪽에	seo-jjo-ge
dell'ovest, occidentale	서쪽의	seo-jjo-gui
est (m)	동쪽	dong-jjok
a est	동쪽으로	dong-jjo-geu-ro
all'est	동쪽에	dong-jjo-ge
dell'est, orientale	동쪽의	dong-jjo-gui

125. Mare. Oceano

mare (m)	바다	ba-da
oceano (m)	대양	dae-yang
golfo (m)	만	man
stretto (m)	해협	hae-hyeop
continente (m)	대륙	dae-ryuk
isola (f)	섬	seom
penisola (f)	반도	ban-do
arcipelago (m)	군도	gun-do
baia (f)	만	man
porto (m)	항구	hang-gu
laguna (f)	석호	seok-o
capo (m)	곶	got
atollo (m)	환초	hwan-cho
scogliera (f)	암초	am-cho
corallo (m)	산호	san-ho
barriera (f) corallina	산호초	san-ho-cho
profondo (agg)	깊은	gi-peun
profondità (f)	깊이	gi-pi
fossa (f) (~ delle Marianne)	해구	hae-gu
corrente (f)	해류	hae-ryu
circondare (vt)	둘러싸다	dul-leo-ssa-da
litorale (m)	해변	hae-byeon
costa (f)	바닷가	ba-dat-ga

alta marea (f)	밀물	mil-mul
bassa marea (f)	썰물	sseol-mul
banco (m) di sabbia	모래톱	mo-rae-top
fondo (m)	해저	hae-jeo
onda (f)	파도	pa-do
cresta (f) dell'onda	물마루	mul-ma-ru
schiuma (f)	거품	geo-pum
uragano (m)	허리케인	heo-ri-ke-in
tsunami (m)	해일	hae-il
bonaccia (f)	고요함	go-yo-ham
tranquillo (agg)	고요한	go-yo-han
polo (m)	극	geuk
polare (agg)	극지의	geuk-ji-ui
latitudine (f)	위도	wi-do
longitudine (f)	경도	gyeong-do
parallelo (m)	위도선	wi-do-seon
equatore (m)	적도	jeok-do
cielo (m)	하늘	ha-neul
orizzonte (m)	수평선	su-pyeong-seon
aria (f)	공기	gong-gi
faro (m)	등대	deung-dae
tuffarsi (vr)	뛰어들다	ttwi-eo-deul-da
affondare (andare a fondo)	가라앉다	ga-ra-an-da
tesori (m)	보물	bo-mul

126. Nomi dei mari e degli oceani

Oceano (m) Atlantico	대서양	dae-seo-yang
Oceano (m) Indiano	인도양	in-do-yang
Oceano (m) Pacifico	태평양	tae-pyeong-yang
mar (m) Glaciale Artico	북극해	buk-geuk-ae
mar (m) Nero	흑해	heuk-ae
mar (m) Rosso	홍해	hong-hae
mar (m) Giallo	황해	hwang-hae
mar (m) Bianco	백해	baek-ae
mar (m) Caspio	카스피 해	ka-seu-pi hae
mar (m) Morto	사해	sa-hae
mar (m) Mediterraneo	지중해	ji-jung-hae
mar (m) Egeo	에게 해	e-ge hae
mar (m) Adriatico	아드리아 해	a-deu-ri-a hae
mar (m) Arabico	아라비아 해	a-ra-bi-a hae
mar (m) del Giappone	동해	dong-hae
mare (m) di Bering	베링 해	be-ring hae
mar (m) Cinese meridionale	남중국해	nam-jung-guk-ae

mar (m) dei Coralli	산호해	san-ho-hae
mar (m) di Tasman	태즈먼 해	tae-jeu-meon hae
mar (m) dei Caraibi	카리브 해	ka-ri-beu hae
mare (m) di Barents	바렌츠 해	ba-ren-cheu hae
mare (m) di Kara	카라 해	ka-ra hae
mare (m) del Nord	북해	buk-ae
mar (m) Baltico	발트 해	bal-teu hae
mare (m) di Norvegia	노르웨이 해	no-reu-we-i hae

127. Montagne

monte (m), montagna (f)	산	san
catena (f) montuosa	산맥	san-maek
crinale (m)	능선	neung-seon
cima (f)	정상	jeong-sang
picco (m)	봉우리	bong-u-ri
piedi (m pl)	기슭	gi-seuk
pendio (m)	경사면	gyeong-sa-myeon
vulcano (m)	화산	hwa-san
vulcano (m) attivo	활화산	hwal-hwa-san
vulcano (m) inattivo	사화산	sa-hwa-san
eruzione (f)	폭발	pok-bal
cratere (m)	분화구	bun-hwa-gu
magma (m)	마그마	ma-geu-ma
lava (f)	용암	yong-am
fuso (lava ~a)	녹은	no-geun
canyon (m)	협곡	hyeop-gok
gola (f)	협곡	hyeop-gok
crepaccio (m)	갈라진	gal-la-jin
passo (m), valico (m)	산길	san-gil
altopiano (m)	고원	go-won
falesia (f)	절벽	jeol-byeok
collina (f)	언덕, 작은 산	eon-deok, ja-geun san
ghiacciaio (m)	빙하	bing-ha
cascata (f)	폭포	pok-po
geyser (m)	간헐천	gan-heol-cheon
lago (m)	호수	ho-su
pianura (f)	평원	pyeong-won
paesaggio (m)	경관	gyeong-gwan
eco (f)	메아리	me-a-ri
alpinista (m)	등산가	deung-san-ga
scalatore (m)	암벽 등반가	am-byeok deung-ban-ga
conquistare (~ una cima)	정복하다	jeong-bok-a-da
scalata (f)	등반	deung-ban

128. Nomi delle montagne

Alpi (f pl)	알프스 산맥	al-peu-seu san-maek
Monte (m) Bianco	몽블랑 산	mong-beul-lang san
Pirenei (m pl)	피레네 산맥	pi-re-ne san-maek
Carpazi (m pl)	카르파티아 산맥	ka-reu-pa-ti-a san-maek
gli Urali (m pl)	우랄 산맥	u-ral san-maek
Caucaso (m)	코카서스 산맥	ko-ka-seo-seu san-maek
Monte (m) Elbrus	엘브루스 산	el-beu-ru-seu san
Monti (m pl) Altai	알타이 산맥	al-ta-i san-maek
Tien Shan (m)	톈샨 산맥	ten-syan san-maek
Pamir (m)	파미르 고원	pa-mi-reu go-won
Himalaia (m)	히말라야 산맥	hi-mal-la-ya san-maek
Everest (m)	에베레스트 산	e-be-re-seu-teu san
Ande (f pl)	안데스 산맥	an-de-seu san-maek
Kilimangiaro (m)	킬리만자로 산	kil-li-man-ja-ro san

129. Fiumi

fiume (m)	강	gang
fonte (f) (sorgente)	샘	saem
letto (m) (~ del fiume)	강바닥	gang-ba-dak
bacino (m)	유역	yu-yeok
sfociare nel ...	... 로 흘러가다	... ro heul-leo-ga-da
affluente (m)	지류	ji-ryu
riva (f)	둑	duk
corrente (f)	흐름	heu-reum
a valle	하류로	gang ha-ryu-ro
a monte	상류로	sang-nyu-ro
inondazione (f)	홍수	hong-su
piena (f)	홍수	hong-su
straripare (vi)	범람하다	beom-nam-ha-da
inondare (vt)	범람하다	beom-nam-ha-da
secca (f)	얕은 곳	ya-teun got
rapida (f)	여울	yeo-ul
diga (f)	댐	daem
canale (m)	운하	un-ha
bacino (m) di riserva	저수지	jeo-su-ji
chiusa (f)	수문	su-mun
specchio (m) d'acqua	저장 수량	jeo-jang su-ryang
palude (f)	늪, 소택지	neup, so-taek-ji
pantano (m)	수렁	su-reong
vortice (m)	소용돌이	so-yong-do-ri
ruscello (m)	개울, 시내	gae-ul, si-nae

potabile (agg)	마실 수 있는	ma-sil su in-neun
dolce (di acqua ~)	민물의	min-mu-rui
ghiaccio (m)	얼음	eo-reum
ghiacciarsi (vr)	얼다	eol-da

130. Nomi dei fiumi

Senna (f)	센 강	sen gang
Loira (f)	루아르 강	ru-a-reu gang
Tamigi (m)	템스 강	tem-seu gang
Reno (m)	라인 강	ra-in gang
Danubio (m)	도나우 강	do-na-u gang
Volga (m)	볼가 강	bol-ga gang
Don (m)	돈 강	don gang
Lena (f)	레나 강	re-na gang
Fiume (m) Giallo	황허강	hwang-heo-gang
Fiume (m) Azzurro	양자강	yang-ja-gang
Mekong (m)	메콩 강	me-kong gang
Gange (m)	갠지스 강	gaen-ji-seu gang
Nilo (m)	나일 강	na-il gang
Congo (m)	콩고 강	kong-go gang
Okavango	오카방고 강	o-ka-bang-go gang
Zambesi (m)	잠베지 강	jam-be-ji gang
Limpopo (m)	림포포 강	rim-po-po gang

131. Foresta

foresta (f)	숲	sup
forestale (agg)	산림의	sal-li-mui
foresta (f) fitta	밀림	mil-lim
boschetto (m)	작은 숲	ja-geun sup
radura (f)	빈터	bin-teo
roveto (m)	덤불	deom-bul
boscaglia (f)	관목지	gwan-mok-ji
sentiero (m)	오솔길	o-sol-gil
calanco (m)	도랑	do-rang
albero (m)	나무	na-mu
foglia (f)	잎	ip
fogliame (m)	나뭇잎	na-mun-nip
caduta (f) delle foglie	낙엽	na-gyeop
cadere (vi)	떨어지다	tteo-reo-ji-da
ramo (m), ramoscello (m)	가지	ga-ji

ramo (m)	큰 가지	keun ga-ji
gemma (f)	잎눈	im-nun
ago (m)	바늘	ba-neul
pigna (f)	솔방울	sol-bang-ul
cavità (f)	구멍	gu-meong
nido (m)	둥지	dung-ji
tana (f) (del fox, ecc.)	굴	gul
tronco (m)	몸통	mom-tong
radice (f)	뿌리	ppu-ri
corteccia (f)	껍질	kkeop-jil
musco (m)	이끼	i-kki
sradicare (vt)	수목을 통째 뽑다	su-mo-geul tong-jjae ppop-da
abbattere (~ un albero)	자르다	ja-reu-da
disboscare (vt)	삼림을 없애다	sam-ni-meul reop-sae-da
ceppo (m)	그루터기	geu-ru-teo-gi
falò (m)	모닥불	mo-dak-bul
incendio (m) boschivo	산불	san-bul
spegnere (vt)	끄다	kkeu-da
guardia (f) forestale	산림경비원	sal-lim-gyeong-bi-won
protezione (f)	보호	bo-ho
proteggere (~ la natura)	보호하다	bo-ho-ha-da
bracconiere (m)	밀렵자	mil-lyeop-ja
tagliola (f) (~ per orsi)	덫	deot
raccogliere (vt)	따다	tta-da
perdersi (vr)	길을 잃다	gi-reul ril-ta

132. Risorse naturali

risorse (f pl) naturali	천연 자원	cheo-nyeon ja-won
deposito (m) (~ di carbone)	매장량	mae-jang-nyang
giacimento (m) (~ petrolifero)	지역	ji-yeok
estrarre (vt)	채광하다	chae-gwang-ha-da
estrazione (f)	막장일	mak-jang-il
minerale (m) grezzo	광석	gwang-seok
miniera (f)	광산	gwang-san
pozzo (m) di miniera	갱도	gaeng-do
minatore (m)	광부	gwang-bu
gas (m)	가스	ga-seu
gasdotto (m)	가스관	ga-seu-gwan
petrolio (m)	석유	seo-gyu
oleodotto (m)	석유 파이프라인	seo-gyu pa-i-peu-ra-in
torre (f) di estrazione	유정	yu-jeong
torre (f) di trivellazione	유정탑	yu-jeong-tap
petroliera (f)	유조선	yu-jo-seon
sabbia (f)	모래	mo-rae

calcare (m)	석회석	seok-oe-seok
ghiaia (f)	자갈	ja-gal
torba (f)	토탄	to-tan
argilla (f)	점토	jeom-to
carbone (m)	석탄	seok-tan
ferro (m)	철	cheol
oro (m)	금	geum
argento (m)	은	eun
nichel (m)	니켈	ni-kel
rame (m)	구리	gu-ri
zinco (m)	아연	a-yeon
manganese (m)	망간	mang-gan
mercurio (m)	수은	su-eun
piombo (m)	납	nap
minerale (m)	광물	gwang-mul
cristallo (m)	수정	su-jeong
marmo (m)	대리석	dae-ri-seok
uranio (m)	우라늄	u-ra-nyum

La Terra. Parte 2

133. Tempo

tempo (m)	날씨	nal-ssi
previsione (f) del tempo	일기 예보	il-gi ye-bo
temperatura (f)	온도	on-do
termometro (m)	온도계	on-do-gye
barometro (m)	기압계	gi-ap-gye
umidità (f)	습함, 습기	seu-pam, seup-gi
caldo (m), afa (f)	더위	deo-wi
molto caldo (agg)	더운	deo-un
fa molto caldo	덥다	deop-da
fa caldo	따뜻하다	tta-tteu-ta-da
caldo, mite (agg)	따뜻한	tta-tteu-tan
fa freddo	춥다	chup-da
freddo (agg)	추운	chu-un
sole (m)	해	hae
splendere (vi)	빛나다	bin-na-da
di sole (una giornata ~)	화창한	hwa-chang-han
sorgere, levarsi (vr)	뜨다	tteu-da
tramontare (vi)	지다	ji-da
nuvola (f)	구름	gu-reum
nuvoloso (agg)	구름의	gu-reum-ui
nuvoloso (agg)	흐린	heu-rin
pioggia (f)	비	bi
piove	비가 오다	bi-ga o-da
piovoso (agg)	비가 오는	bi-ga o-neun
piovigginare (vi)	이슬비가 내리다	i-seul-bi-ga nae-ri-da
pioggia (f) torrenziale	억수	eok-su
acquazzone (m)	호우	ho-u
forte (una ~ pioggia)	심한	sim-han
pozzanghera (f)	웅덩이	ung-deong-i
bagnarsi (~ sotto la pioggia)	젖다	jeot-da
foschia (f), nebbia (f)	안개	an-gae
nebbioso (agg)	안개가 자욱한	an-gae-ga ja-uk-an
neve (f)	눈	nun
nevica	눈이 오다	nun-i o-da

134. Rigide condizioni metereologiche. Disastri naturali

temporale (m)	뇌우	noe-u
fulmine (f)	번개	beon-gae
lampeggiare (vi)	번쩍이다	beon-jjeo-gi-da
tuono (m)	천둥	cheon-dung
tuonare (vi)	천둥이 치다	cheon-dung-i chi-da
tuona	천둥이 치다	cheon-dung-i chi-da
grandine (f)	싸락눈	ssa-rang-nun
grandina	싸락눈이 내리다	ssa-rang-nun-i nae-ri-da
inondare (vt)	범람하다	beom-nam-ha-da
inondazione (f)	홍수	hong-su
terremoto (m)	지진	ji-jin
scossa (f)	진동	jin-dong
epicentro (m)	진앙	jin-ang
eruzione (f)	폭발	pok-bal
lava (f)	용암	yong-am
tromba (f) d'aria	회오리바람	hoe-o-ri-ba-ram
tornado (m)	토네이도	to-ne-i-do
tifone (m)	태풍	tae-pung
uragano (m)	허리케인	heo-ri-ke-in
tempesta (f)	폭풍우	pok-pung-u
tsunami (m)	해일	hae-il
incendio (m)	불	bul
disastro (m)	재해	jae-hae
meteorite (m)	운석	un-seok
valanga (f)	눈사태	nun-sa-tae
slavina (f)	눈사태	nun-sa-tae
tempesta (f) di neve	눈보라	nun-bo-ra
bufera (f) di neve	눈보라	nun-bo-ra

Fauna

135. Mammiferi. Predatori

predatore (m)	육식 동물	yuk-sik dong-mul
tigre (f)	호랑이	ho-rang-i
leone (m)	사자	sa-ja
lupo (m)	이리	i-ri
volpe (f)	여우	yeo-u
giaguaro (m)	재규어	jae-gyu-eo
leopardo (m)	표범	pyo-beom
ghepardo (m)	치타	chi-ta
puma (f)	퓨마	pyu-ma
leopardo (m) delle nevi	눈표범	nun-pyo-beom
lince (f)	스라소니	seu-ra-so-ni
coyote (m)	코요테	ko-yo-te
sciacallo (m)	재칼	jae-kal
iena (f)	하이에나	ha-i-e-na

136. Animali selvatici

animale (m)	동물	dong-mul
bestia (f)	짐승	jim-seung
scoiattolo (m)	다람쥐	da-ram-jwi
riccio (m)	고슴도치	go-seum-do-chi
lepre (f)	토끼	to-kki
coniglio (m)	굴토끼	gul-to-kki
tasso (m)	오소리	o-so-ri
procione (f)	너구리	neo-gu-ri
criceto (m)	햄스터	haem-seu-teo
marmotta (f)	마멋	ma-meot
talpa (f)	두더지	du-deo-ji
topo (m)	생쥐	saeng-jwi
ratto (m)	시궁쥐	si-gung-jwi
pipistrello (m)	박쥐	bak-jwi
ermellino (m)	북방족제비	buk-bang-jok-je-bi
zibellino (m)	검은담비	geo-meun-dam-bi
martora (f)	담비	dam-bi
visone (m)	밍크	ming-keu
castoro (m)	비버	bi-beo
lontra (f)	수달	su-dal

cavallo (m)	말	mal
alce (m)	엘크, 무스	el-keu, mu-seu
cervo (m)	사슴	sa-seum
cammello (m)	낙타	nak-ta

bisonte (m) americano	미국들소	mi-guk-deul-so
bisonte (m) europeo	유럽들소	yu-reop-deul-so
bufalo (m)	물소	mul-so

zebra (f)	얼룩말	eol-lung-mal
antilope (f)	영양	yeong-yang
capriolo (m)	노루	no-ru
daino (m)	다마사슴	da-ma-sa-seum
camoscio (m)	샤모아	sya-mo-a
cinghiale (m)	멧돼지	met-dwae-ji

balena (f)	고래	go-rae
foca (f)	바다표범	ba-da-pyo-beom
tricheco (m)	바다코끼리	ba-da-ko-kki-ri
otaria (f)	물개	mul-gae
delfino (m)	돌고래	dol-go-rae

orso (m)	곰	gom
orso (m) bianco	북극곰	buk-geuk-gom
panda (m)	판다	pan-da

scimmia (f)	원숭이	won-sung-i
scimpanzè (m)	침팬지	chim-paen-ji
orango (m)	오랑우탄	o-rang-u-tan
gorilla (m)	고릴라	go-ril-la
macaco (m)	마카크	ma-ka-keu
gibbone (m)	긴팔원숭이	gin-pa-rwon-sung-i

elefante (m)	코끼리	ko-kki-ri
rinoceronte (m)	코뿔소	ko-ppul-so
giraffa (f)	기린	gi-rin
ippopotamo (m)	하마	ha-ma

canguro (m)	캥거루	kaeng-geo-ru
koala (m)	코알라	ko-al-la

mangusta (f)	몽구스	mong-gu-seu
cincillà (f)	친칠라	chin-chil-la
moffetta (f)	스컹크	seu-keong-keu
istrice (m)	호저	ho-jeo

137. Animali domestici

gatta (f)	고양이	go-yang-i
gatto (m)	수고양이	su-go-yang-i

cavallo (m)	말	mal
stallone (m)	수말, 종마	su-mal, jong-ma
giumenta (f)	암말	am-mal

mucca (f)	암소	am-so
toro (m)	황소	hwang-so
bue (m)	수소	su-so
pecora (f)	양, 암양	yang, a-myang
montone (m)	수양	su-yang
capra (f)	염소	yeom-so
caprone (m)	숫염소	sun-nyeom-so
asino (m)	당나귀	dang-na-gwi
mulo (m)	노새	no-sae
porco (m)	돼지	dwae-ji
porcellino (m)	돼지 새끼	dwae-ji sae-kki
coniglio (m)	집토끼	jip-to-kki
gallina (f)	암탉	am-tak
gallo (m)	수탉	su-tak
anatra (f)	집오리	ji-bo-ri
maschio (m) dell'anatra	수오리	su-o-ri
oca (f)	집거위	jip-geo-wi
tacchino (m)	수칠면조	su-chil-myeon-jo
tacchina (f)	칠면조	chil-myeon-jo
animali (m pl) domestici	가축	ga-chuk
addomesticato (agg)	길들여진	gil-deu-ryeo-jin
addomesticare (vt)	길들이다	gil-deu-ri-da
allevare (vt)	사육하다, 기르다	sa-yuk-a-da, gi-reu-da
fattoria (f)	농장	nong-jang
pollame (m)	가금	ga-geum
bestiame (m)	가축	ga-chuk
branco (m), mandria (f)	떼	tte
scuderia (f)	마구간	ma-gu-gan
porcile (m)	돼지 우리	dwae-ji u-ri
stalla (f)	외양간	oe-yang-gan
conigliera (f)	토끼장	to-kki-jang
pollaio (m)	닭장	dak-jang

138. Uccelli

uccello (m)	새	sae
colombo (m), piccione (m)	비둘기	bi-dul-gi
passero (m)	참새	cham-sae
cincia (f)	박새	bak-sae
gazza (f)	까치	kka-chi
corvo (m)	갈가마귀	gal-ga-ma-gwi
cornacchia (f)	까마귀	kka-ma-gwi
taccola (f)	갈가마귀	gal-ga-ma-gwi
corvo (m) nero	떼까마귀	ttae-kka-ma-gwi

anatra (f)	오리	o-ri
oca (f)	거위	geo-wi
fagiano (m)	꿩	kkwong
aquila (f)	독수리	dok-su-ri
astore (m)	매	mae
falco (m)	매	mae
grifone (m)	독수리, 콘도르	dok-su-ri, kon-do-reu
condor (m)	콘도르	kon-do-reu
cigno (m)	백조	baek-jo
gru (f)	두루미	du-ru-mi
cicogna (f)	황새	hwang-sae
pappagallo (m)	앵무새	aeng-mu-sae
colibrì (m)	벌새	beol-sae
pavone (m)	공작	gong-jak
struzzo (m)	타조	ta-jo
airone (m)	왜가리	wae-ga-ri
fenicottero (m)	플라밍고	peul-la-ming-go
pellicano (m)	펠리컨	pel-li-keon
usignolo (m)	나이팅게일	na-i-ting-ge-il
rondine (f)	제비	je-bi
tordo (m)	지빠귀	ji-ppa-gwi
tordo (m) sasello	노래지빠귀	no-rae-ji-ppa-gwi
merlo (m)	대륙검은지빠귀	dae-ryuk-geo-meun-ji-ppa-gwi
rondone (m)	칼새	kal-sae
allodola (f)	종다리	jong-da-ri
quaglia (f)	메추라기	me-chu-ra-gi
picchio (m)	딱따구리	ttak-tta-gu-ri
cuculo (m)	뻐꾸기	ppeo-kku-gi
civetta (f)	올빼미	ol-ppae-mi
gufo (m) reale	수리부엉이	su-ri-bu-eong-i
urogallo (m)	큰뇌조	keun-noe-jo
fagiano (m) di monte	멧닭	met-dak
pernice (f)	자고	ja-go
storno (m)	찌르레기	jji-reu-re-gi
canarino (m)	카나리아	ka-na-ri-a
fringuello (m)	되새	doe-sae
ciuffolotto (m)	피리새	pi-ri-sae
gabbiano (m)	갈매기	gal-mae-gi
albatro (m)	신천옹	sin-cheon-ong
pinguino (m)	펭귄	peng-gwin

139. Pesci. Animali marini

abramide (f)	도미류	do-mi-ryu
carpa (f)	잉어	ing-eo

perca (f)	농어의 일종	nong-eo-ui il-jong
pesce (m) gatto	메기	me-gi
luccio (m)	북부민물꼬치고기	buk-bu-min-mul-kko-chi-go-gi
salmone (m)	연어	yeon-eo
storione (m)	철갑상어	cheol-gap-sang-eo
aringa (f)	청어	cheong-eo
salmone (m)	대서양 연어	dae-seo-yang yeon-eo
scombro (m)	고등어	go-deung-eo
sogliola (f)	넙치	neop-chi
merluzzo (m)	대구	dae-gu
tonno (m)	참치	cham-chi
trota (f)	송어	song-eo
anguilla (f)	뱀장어	baem-jang-eo
torpedine (f)	시끈가오리	si-kkeun-ga-o-ri
murena (f)	곰치	gom-chi
piranha (f)	피라니아	pi-ra-ni-a
squalo (m)	상어	sang-eo
delfino (m)	돌고래	dol-go-rae
balena (f)	고래	go-rae
granchio (m)	게	ge
medusa (f)	해파리	hae-pa-ri
polpo (m)	낙지	nak-ji
stella (f) marina	불가사리	bul-ga-sa-ri
riccio (m) di mare	성게	seong-ge
cavalluccio (m) marino	해마	hae-ma
ostrica (f)	굴	gul
gamberetto (m)	새우	sae-u
astice (m)	바닷가재	ba-dat-ga-jae
aragosta (f)	대하	dae-ha

140. Anfibi. Rettili

serpente (m)	뱀	baem
velenoso (agg)	독이 있는	do-gi in-neun
vipera (f)	살무사	sal-mu-sa
cobra (m)	코브라	ko-beu-ra
pitone (m)	비단뱀	bi-dan-baem
boa (m)	보아	bo-a
biscia (f)	풀뱀	pul-baem
serpente (m) a sonagli	방울뱀	bang-ul-baem
anaconda (f)	아나콘다	a-na-kon-da
lucertola (f)	도마뱀	do-ma-baem
iguana (f)	이구아나	i-gu-a-na

salamandra (f)	도롱뇽	do-rong-nyong
camaleonte (m)	카멜레온	ka-mel-le-on
scorpione (m)	전갈	jeon-gal
tartaruga (f)	거북	geo-buk
rana (f)	개구리	gae-gu-ri
rospo (m)	두꺼비	du-kkeo-bi
coccodrillo (m)	악어	a-geo

141. Insetti

insetto (m)	곤충	gon-chung
farfalla (f)	나비	na-bi
formica (f)	개미	gae-mi
mosca (f)	파리	pa-ri
zanzara (f)	모기	mo-gi
scarabeo (m)	딱정벌레	ttak-jeong-beol-le
vespa (f)	말벌	mal-beol
ape (f)	꿀벌	kkul-beol
bombo (m)	호박벌	ho-bak-beol
tafano (m)	쇠파리	soe-pa-ri
ragno (m)	거미	geo-mi
ragnatela (f)	거미줄	geo-mi-jul
libellula (f)	잠자리	jam-ja-ri
cavalletta (f)	메뚜기	me-ttu-gi
farfalla (f) notturna	나방	na-bang
scarafaggio (m)	바퀴벌레	ba-kwi-beol-le
zecca (f)	진드기	jin-deu-gi
pulce (f)	벼룩	byeo-ruk
moscerino (m)	깔따구	kkal-tta-gu
locusta (f)	메뚜기	me-ttu-gi
lumaca (f)	달팽이	dal-paeng-i
grillo (m)	귀뚜라미	gwi-ttu-ra-mi
lucciola (f)	개똥벌레	gae-ttong-beol-le
coccinella (f)	무당벌레	mu-dang-beol-le
maggiolino (m)	왕풍뎅이	wang-pung-deng-i
sanguisuga (f)	거머리	geo-meo-ri
bruco (m)	애벌레	ae-beol-le
verme (m)	지렁이	ji-reong-i
larva (f)	애벌레	ae-beol-le

Flora

142. Alberi

albero (m)	나무	na-mu
deciduo (agg)	낙엽수의	na-gyeop-su-ui
conifero (agg)	침엽수의	chi-myeop-su-ui
sempreverde (agg)	상록의	sang-no-gui
melo (m)	사과나무	sa-gwa-na-mu
pero (m)	배나무	bae-na-mu
ciliegio (m), amareno (m)	벚나무	beon-na-mu
prugno (m)	자두나무	ja-du-na-mu
betulla (f)	자작나무	ja-jang-na-mu
quercia (f)	오크	o-keu
tiglio (m)	보리수	bo-ri-su
pioppo (m) tremolo	사시나무	sa-si-na-mu
acero (m)	단풍나무	dan-pung-na-mu
abete (m)	가문비나무	ga-mun-bi-na-mu
pino (m)	소나무	so-na-mu
larice (m)	낙엽송	na-gyeop-song
abete (m) bianco	전나무	jeon-na-mu
cedro (m)	시다	si-da
pioppo (m)	포플러	po-peul-leo
sorbo (m)	마가목	ma-ga-mok
salice (m)	버드나무	beo-deu-na-mu
alno (m)	오리나무	o-ri-na-mu
faggio (m)	너도밤나무	neo-do-bam-na-mu
olmo (m)	느릅나무	neu-reum-na-mu
frassino (m)	물푸레나무	mul-pu-re-na-mu
castagno (m)	밤나무	bam-na-mu
magnolia (f)	목련	mong-nyeon
palma (f)	야자나무	ya-ja-na-mu
cipresso (m)	사이프러스	sa-i-peu-reo-seu
mangrovia (f)	맹그로브	maeng-geu-ro-beu
baobab (m)	바오밥나무	ba-o-bam-na-mu
eucalipto (m)	유칼립투스	yu-kal-lip-tu-seu
sequoia (f)	세쿼이아	se-kwo-i-a

143. Arbusti

cespuglio (m)	덤불	deom-bul
arbusto (m)	관목	gwan-mok

vite (f)	포도 덩굴	po-do deong-gul
vigneto (m)	포도밭	po-do-bat
lampone (m)	라즈베리	ra-jeu-be-ri
ribes (m) rosso	레드커런트 나무	re-deu-keo-reon-teu na-mu
uva (f) spina	구스베리 나무	gu-seu-be-ri na-mu
acacia (f)	아카시아	a-ka-si-a
crespino (m)	매자나무	mae-ja-na-mu
gelsomino (m)	재스민	jae-seu-min
ginepro (m)	두송	du-song
roseto (m)	장미 덤불	jang-mi deom-bul
rosa (f) canina	찔레나무	jjil-le-na-mu

144. Frutti. Bacche

mela (f)	사과	sa-gwa
pera (f)	배	bae
prugna (f)	자두	ja-du
fragola (f)	딸기	ttal-gi
amarena (f)	신양	si-nyang
ciliegia (f)	양벚나무	yang-beon-na-mu
uva (f)	포도	po-do
lampone (m)	라즈베리	ra-jeu-be-ri
ribes (m) nero	블랙커렌트	beul-laek-keo-ren-teu
ribes (m) rosso	레드커렌트	re-deu-keo-ren-teu
uva (f) spina	구스베리	gu-seu-be-ri
mirtillo (m) di palude	크랜베리	keu-raen-be-ri
arancia (f)	오렌지	o-ren-ji
mandarino (m)	귤	gyul
ananas (m)	파인애플	pa-in-ae-peul
banana (f)	바나나	ba-na-na
dattero (m)	대추야자	dae-chu-ya-ja
limone (m)	레몬	re-mon
albicocca (f)	살구	sal-gu
pesca (f)	복숭아	bok-sung-a
kiwi (m)	키위	ki-wi
pompelmo (m)	자몽	ja-mong
bacca (f)	장과	jang-gwa
bacche (f pl)	장과류	jang-gwa-ryu
mirtillo (m) rosso	월귤나무	wol-gyul-la-mu
fragola (f) di bosco	야생딸기	ya-saeng-ttal-gi
mirtillo (m)	빌베리	bil-be-ri

145. Fiori. Piante

fiore (m)	꽃	kkot
mazzo (m) di fiori	꽃다발	kkot-da-bal

rosa (f)	장미	jang-mi
tulipano (m)	튤립	tyul-lip
garofano (m)	카네이션	ka-ne-i-syeon
gladiolo (m)	글라디올러스	geul-la-di-ol-leo-seu
fiordaliso (m)	수레국화	su-re-guk-wa
campanella (f)	실잔대	sil-jan-dae
soffione (m)	민들레	min-deul-le
camomilla (f)	캐모마일	kae-mo-ma-il
aloe (m)	알로에	al-lo-e
cactus (m)	선인장	seon-in-jang
ficus (m)	고무나무	go-mu-na-mu
giglio (m)	백합	baek-ap
geranio (m)	제라늄	je-ra-nyum
giacinto (m)	히아신스	hi-a-sin-seu
mimosa (f)	미모사	mi-mo-sa
narciso (m)	수선화	su-seon-hwa
nasturzio (m)	한련	hal-lyeon
orchidea (f)	난초	nan-cho
peonia (f)	모란	mo-ran
viola (f)	바이올렛	ba-i-ol-let
viola (f) del pensiero	팬지	paen-ji
nontiscordardimé (m)	물망초	mul-mang-cho
margherita (f)	데이지	de-i-ji
papavero (m)	양귀비	yang-gwi-bi
canapa (f)	삼	sam
menta (f)	박하	bak-a
mughetto (m)	은방울꽃	eun-bang-ul-kkot
bucaneve (m)	스노드롭	seu-no-deu-rop
ortica (f)	쐐기풀	sswae-gi-pul
acetosa (f)	수영	su-yeong
ninfea (f)	수련	su-ryeon
felce (f)	고사리	go-sa-ri
lichene (m)	이끼	i-kki
serra (f)	온실	on-sil
prato (m) erboso	잔디	jan-di
aiuola (f)	꽃밭	kkot-bat
pianta (f)	식물	sing-mul
erba (f)	풀	pul
filo (m) d'erba	풀잎	pu-rip
foglia (f)	잎	ip
petalo (m)	꽃잎	kko-chip
stelo (m)	줄기	jul-gi
tubero (m)	구근	gu-geun
germoglio (m)	새싹	sae-ssak

spina (f)	가시	ga-si
fiorire (vi)	피우다	pi-u-da
appassire (vi)	시들다	si-deul-da
odore (m), profumo (m)	향기	hyang-gi
tagliare (~ i fiori)	자르다	ja-reu-da
cogliere (vt)	따다	tta-da

146. Cereali, granaglie

grano (m)	곡물	gong-mul
cereali (m pl)	곡류	gong-nyu
spiga (f)	이삭	i-sak
frumento (m)	밀	mil
segale (f)	호밀	ho-mil
avena (f)	귀리	gwi-ri
miglio (m)	수수, 기장	su-su, gi-jang
orzo (m)	보리	bo-ri
mais (m)	옥수수	ok-su-su
riso (m)	쌀	ssal
grano (m) saraceno	메밀	me-mil
pisello (m)	완두	wan-du
fagiolo (m)	강낭콩	gang-nang-kong
soia (f)	콩	kong
lenticchie (f pl)	렌즈콩	ren-jeu-kong
fave (f pl)	콩	kong

PAESI. NAZIONALITÀ

147. Europa occidentale

Italiano	Coreano	Romanizzazione
Europa (f)	유럽	yu-reop
Unione (f) Europea	유럽 연합	yu-reop byeon-hap
Austria (f)	오스트리아	o-seu-teu-ri-a
Gran Bretagna (f)	영국	yeong-guk
Inghilterra (f)	잉글랜드	ing-geul-laen-deu
Belgio (m)	벨기에	bel-gi-e
Germania (f)	독일	do-gil
Paesi Bassi (m pl)	네덜란드	ne-deol-lan-deu
Olanda (f)	네덜란드	ne-deol-lan-deu
Grecia (f)	그리스	geu-ri-seu
Danimarca (f)	덴마크	den-ma-keu
Irlanda (f)	아일랜드	a-il-laen-deu
Islanda (f)	아이슬란드	a-i-seul-lan-deu
Spagna (f)	스페인	seu-pe-in
Italia (f)	이탈리아	i-tal-li-a
Cipro (m)	키프로스	ki-peu-ro-seu
Malta (f)	몰타	mol-ta
Norvegia (f)	노르웨이	no-reu-we-i
Portogallo (f)	포르투갈	po-reu-tu-gal
Finlandia (f)	핀란드	pil-lan-deu
Francia (f)	프랑스	peu-rang-seu
Svezia (f)	스웨덴	seu-we-den
Svizzera (f)	스위스	seu-wi-seu
Scozia (f)	스코틀랜드	seu-ko-teul-laen-deu
Vaticano (m)	바티칸	ba-ti-kan
Liechtenstein (m)	리히텐슈타인	ri-hi-ten-syu-ta-in
Lussemburgo (m)	룩셈부르크	ruk-sem-bu-reu-keu
Monaco (m)	모나코	mo-na-ko

148. Europa centrale e orientale

Italiano	Coreano	Romanizzazione
Albania (f)	알바니아	al-ba-ni-a
Bulgaria (f)	불가리아	bul-ga-ri-a
Ungheria (f)	헝가리	heong-ga-ri
Lettonia (f)	라트비아	ra-teu-bi-a
Lituania (f)	리투아니아	ri-tu-a-ni-a
Polonia (f)	폴란드	pol-lan-deu

Romania (f)	루마니아	ru-ma-ni-a
Serbia (f)	세르비아	se-reu-bi-a
Slovacchia (f)	슬로바키아	seul-lo-ba-ki-a

Croazia (f)	크로아티아	keu-ro-a-ti-a
Repubblica (f) Ceca	체코	che-ko
Estonia (f)	에스토니아	e-seu-to-ni-a

| Bosnia-Erzegovina (f) | 보스니아 헤르체코비나 | bo-seu-ni-a he-reu-che-ko-bi-na |

Macedonia (f)	마케도니아	ma-ke-do-ni-a
Slovenia (f)	슬로베니아	seul-lo-be-ni-a
Montenegro (m)	몬테네그로	mon-te-ne-geu-ro

149. Paesi dell'ex Unione Sovietica

| Azerbaigian (m) | 아제르바이잔 | a-je-reu-ba-i-jan |
| Armenia (f) | 아르메니아 | a-reu-me-ni-a |

Bielorussia (f)	벨로루시	bel-lo-ru-si
Georgia (f)	그루지야	geu-ru-ji-ya
Kazakistan (m)	카자흐스탄	ka-ja-heu-seu-tan
Kirghizistan (m)	키르기스스탄	ki-reu-gi-seu-seu-tan
Moldavia (f)	몰도바	mol-do-ba

| Russia (f) | 러시아 | reo-si-a |
| Ucraina (f) | 우크라이나 | u-keu-ra-i-na |

Tagikistan (m)	타지키스탄	ta-ji-ki-seu-tan
Turkmenistan (m)	투르크메니스탄	tu-reu-keu-me-ni-seu-tan
Uzbekistan (m)	우즈베키스탄	u-jeu-be-ki-seu-tan

150. Asia

Asia (f)	아시아	a-si-a
Vietnam (m)	베트남	be-teu-nam
India (f)	인도	in-do
Israele (m)	이스라엘	i-seu-ra-el

Cina (f)	중국	jung-guk
Libano (m)	레바논	re-ba-non
Mongolia (f)	몽골	mong-gol

| Malesia (f) | 말레이시아 | mal-le-i-si-a |
| Pakistan (m) | 파키스탄 | pa-ki-seu-tan |

Arabia Saudita (f)	사우디아라비아	sa-u-di-a-ra-bi-a
Tailandia (f)	태국	tae-guk
Taiwan (m)	대만	dae-man
Turchia (f)	터키	teo-ki
Giappone (m)	일본	il-bon
Afghanistan (m)	아프가니스탄	a-peu-ga-ni-seu-tan

Bangladesh (m)	방글라데시	bang-geul-la-de-si
Indonesia (f)	인도네시아	in-do-ne-si-a
Giordania (f)	요르단	yo-reu-dan
Iraq (m)	이라크	i-ra-keu
Iran (m)	이란	i-ran
Cambogia (f)	캄보디아	kam-bo-di-a
Kuwait (m)	쿠웨이트	ku-we-i-teu
Laos (m)	라오스	ra-o-seu
Birmania (f)	미얀마	mi-yan-ma
Nepal (m)	네팔	ne-pal
Emirati (m pl) Arabi	아랍에미리트	a-ra-be-mi-ri-teu
Siria (f)	시리아	si-ri-a
Palestina (f)	팔레스타인	pal-le-seu-ta-in
Corea (f) del Sud	한국	han-guk
Corea (f) del Nord	북한	buk-an

151. America del Nord

Stati (m pl) Uniti d'America	미국	mi-guk
Canada (m)	캐나다	kae-na-da
Messico (m)	멕시코	mek-si-ko

152. America centrale e America del Sud

Argentina (f)	아르헨티나	a-reu-hen-ti-na
Brasile (m)	브라질	beu-ra-jil
Colombia (f)	콜롬비아	kol-lom-bi-a
Cuba (f)	쿠바	ku-ba
Cile (m)	칠레	chil-le
Bolivia (f)	볼리비아	bol-li-bi-a
Venezuela (f)	베네수엘라	be-ne-su-el-la
Paraguay (m)	파라과이	pa-ra-gwa-i
Perù (m)	페루	pe-ru
Suriname (m)	수리남	su-ri-nam
Uruguay (m)	우루과이	u-ru-gwa-i
Ecuador (m)	에콰도르	e-kwa-do-reu
Le Bahamas	바하마	ba-ha-ma
Haiti (m)	아이티	a-i-ti
Repubblica (f) Dominicana	도미니카 공화국	do-mi-ni-ka gong-hwa-guk
Panama (m)	파나마	pa-na-ma
Giamaica (f)	자메이카	ja-me-i-ka

153. Africa

Egitto (m)	이집트	i-jip-teu
Marocco (m)	모로코	mo-ro-ko
Tunisia (f)	튀니지	twi-ni-ji
Ghana (m)	가나	ga-na
Zanzibar	잔지바르	jan-ji-ba-reu
Kenya (m)	케냐	ke-nya
Libia (f)	리비아	ri-bi-a
Madagascar (m)	마다가스카르	ma-da-ga-seu-ka-reu
Namibia (f)	나미비아	na-mi-bi-a
Senegal (m)	세네갈	se-ne-gal
Tanzania (f)	탄자니아	tan-ja-ni-a
Repubblica (f) Sudafricana	남아프리카 공화국	nam-a-peu-ri-ka gong-hwa-guk

154. Australia. Oceania

Australia (f)	호주	ho-ju
Nuova Zelanda (f)	뉴질랜드	nyu-jil-laen-deu
Tasmania (f)	태즈메이니아	tae-jeu-me-i-ni-a
Polinesia (f) Francese	폴리네시아	pol-li-ne-si-a

155. Città

L'Aia	헤이그	he-i-geu
Amburgo	함부르크	ham-bu-reu-keu
Amsterdam	암스테르담	am-seu-te-reu-dam
Ankara	앙카라	ang-ka-ra
Atene	아테네	a-te-ne
L'Avana	아바나	a-ba-na
Baghdad	바그다드	ba-geu-da-deu
Bangkok	방콕	bang-kok
Barcellona	바르셀로나	ba-reu-sel-lo-na
Beirut	베이루트	be-i-ru-teu
Berlino	베를린	be-reul-lin
Bombay, Mumbai	봄베이, 뭄바이	bom-be-i, mum-ba-i
Bonn	본	bon
Bordeaux	보르도	bo-reu-do
Bratislava	브라티슬라바	beu-ra-ti-seul-la-ba
Bruxelles	브뤼셀	beu-rwi-sel
Bucarest	부쿠레슈티	bu-ku-re-syu-ti
Budapest	부다페스트	bu-da-pe-seu-teu
Il Cairo	카이로	ka-i-ro
Calcutta	캘커타	kael-keo-ta

Chicago	시카고	si-ka-go
Città del Messico	멕시코시티	mek-si-ko-si-ti
Copenaghen	코펜하겐	ko-pen-ha-gen
Dar es Salaam	다르에스살람	da-reu-e-seu-sal-lam
Delhi	델리	del-li
Dubai	두바이	du-ba-i
Dublino	더블린	deo-beul-lin
Düsseldorf	뒤셀도르프	dwi-sel-do-reu-peu
Firenze	플로렌스	peul-lo-ren-seu
Francoforte	프랑크푸르트	peu-rang-keu-pu-reu-teu
Gerusalemme	예루살렘	ye-ru-sal-lem
Ginevra	제네바	je-ne-ba
Hanoi	하노이	ha-no-i
Helsinki	헬싱키	hel-sing-ki
Hiroshima	히로시마	hi-ro-si-ma
Hong Kong	홍콩	hong-kong
Istanbul	이스탄불	i-seu-tan-bul
Kiev	키예프	ki-ye-peu
Kuala Lumpur	쿠알라룸푸르	kwal-la-rum-pu-reu
Lione	리옹	ri-ong
Lisbona	리스본	ri-seu-bon
Londra	런던	reon-deon
Los Angeles	로스앤젤레스	ro-seu-aen-jel-le-seu
Madrid	마드리드	ma-deu-ri-deu
Marsiglia	마르세유	ma-reu-se-yu
Miami	마이애미	ma-i-ae-mi
Monaco di Baviera	뮌헨	mwin-hen
Montreal	몬트리올	mon-teu-ri-ol
Mosca	모스크바	mo-seu-keu-ba
Nairobi	나이로비	na-i-ro-bi
Napoli	나폴리	na-pol-li
New York	뉴욕	nyu-yok
Nizza	니스	ni-seu
Oslo	오슬로	o-seul-lo
Ottawa	오타와	o-ta-wa
Parigi	파리	pa-ri
Pechino	베이징	be-i-jing
Praga	프라하	peu-ra-ha
Rio de Janeiro	리우데자네이루	ri-u-de-ja-ne-i-ru
Roma	로마	ro-ma
San Pietroburgo	상트페테르부르크	sang-teu-pe-te-reu-bu-reu-keu
Seoul	서울	seo-ul
Shanghai	상하이	sang-ha-i
Sidney	시드니	si-deu-ni
Singapore	싱가포르	sing-ga-po-reu
Stoccolma	스톡홀름	seu-tok-ol-leum
Taipei	타이베이	ta-i-be-i

Tokio	도쿄	do-kyo
Toronto	토론토	to-ron-to
Varsavia	바르샤바	ba-reu-sya-ba
Venezia	베니스	be-ni-seu
Vienna	빈	bin
Washington	워싱턴	wo-sing-teon

www.ingramcontent.com/pod-product-compliance
Lightning Source LLC
Chambersburg PA
CBHW070600050426
42450CB00011B/2924